张兴华 著

对话
探析十年教育痛点

十大社会关注难题
十位大家权威解答

山东城市出版传媒集团·济南出版社

图书在版编目(CIP)数据

对话:探析十年教育痛点 / 张兴华著. —济南:济南出版社,2018.8

ISBN 978-7-5488-3428-1

Ⅰ.①对… Ⅱ.①张… Ⅲ.①教育家—访问记—中国—现代②教育研究—中国—现代 Ⅳ.①K825.46②G52

中国版本图书馆 CIP 数据核字(2018)第 203992 号

责任编辑	陈 琛
封面设计	侯文英
出版发行	济南出版社
地 址	济南市二环南路 1 号(250002)
发行电话	(0531)86131729 / 86131730
印 刷	济南新科印务有限公司
成品尺寸	170mm×240mm 16 开
印 张	15.5
字 数	200 千字
印 数	1-3100
版 次	2018 年 8 月第 1 版
印 次	2018 年 8 月第 1 次印刷
书 号	ISBN 978-7-5488-3428-1
定 价	66.00 元

(济南版图书,如有印装质量问题,请与出版社联系调换)

序

韩延明

唐代诗人刘禹锡在其《陋室铭》中写道:"谈笑有鸿儒,往来无白丁。"清代文人刘鹗在其《老残游记》中谈起:"与君一席话,胜读十年书。"这都说明,与学者交谈,同大师对话,历来是增长真知、获得灼见的有效途径,正可谓"山不在高,有仙则名;水不在深,有龙则灵"。所以,"专家访谈"成了时下人们就某一方面的问题获取"大家"深度认知和独到见解的重要方法,备受世人青睐。

访谈,又称晤谈,是指运用现场采访形式,通过面对面的直接交谈和设问碰撞,就某一方面的问题或某一领域的多个问题向专家学者或部门领导提问、咨询、求解、论证。或澄清人们的模糊认识,或诠释国家的方针政策;或阐发理论观点,或破解现实难题;或评论社会现象,或畅谈个人感悟,等等。这种访谈,由于紧紧抓住了当下社会的重点、难点和热点问题,切中要害,直击命门,所以触及深、传播广、影响大、社会关注度高,能够凝聚血脉与灵气,能够彰显本真与正义,能够坚守心的纯净和人的本性,自然也就更具有表现力、穿透力和感召力!《中国教育报》山东站副站长、山东省委高校工委机关刊物《山东高校思政》主编张兴华的"对话:探析十年教育痛点"专家访谈,便是如此。

兴华同志呈献给读者的这本"十大社会关注难题,十位大家权威解答"《对话：探析十年教育痛点》，是他在近年来冒着酷暑严寒走南闯北采访10位中国当代教育家的真实记录。他们是（以采访先后为序）：顾明远、潘懋元、周远清、瞿振元、朱小蔓、刘献君、李志民、姜耀东、邬大光、林崇德。"让教育家办教育"，这一直是我们的向往，也是中国教育的希望。然而，每每聊起"教育家"这个话题，大家往往都在感叹或者在遗憾教育家的身影渐行渐远。但一看上述姓名，大家却不陌生，他们都是多年来一直从事高等教育理论研究和高等教育管理实践的颇有建树的著名教育家。《国家中长期教育改革和发展规划纲要（2010－2020年）》明确提出了"教育家办学"的命题，顾明远先生曾把"教育家"解释为"在教育理论或实践上有创见、有贡献、有影响的杰出人物"。就此而言，上述10位教育家是当之无愧的，特别是他们在接受采访过程中所进行的透彻分析和提出的真知灼见，确令我们深受启迪和教益。正如古希腊哲学家苏格拉底所言，教育不是灌输头脑，而是点燃心火！

"泰山岩岩，鲁邦所詹。"曾经担任过泰安市教育科学研究所所长的兴华同志，是泰安人氏，是爬着泰山的台阶，喝着黑龙潭的泉水，沐浴着"海天之怀，华夏之魂"的岱岳文化和泰山精神而成长成熟起来的，自幼铸就了一种山的坚强、水的柔韧和火的激情。他朴实无华、谦逊儒雅，真诚、厚道、勤奋、热情、善思，尤其对文字工作和教育事业是虔诚的。人心如水，静则澄澈。浮躁功利的社会居然没有影响和消解他那一如既往的安心治学、静心思考和专心办刊的习惯，实属难得。他善于提纲挈领，善于发现问题，善于从林林总总的庞杂资料中机智地理出头绪，敏锐地抓住要点，犀利地找出问题。他具有丰厚的文化底蕴和扎实的写作功底，写的文章条理清晰，语言优美，文笔流畅，富有激情，既有声有色，又有滋有味，还有情有义。他是一位心里有光的人。

记得有人曾经说过，中华文化源远流长有两个法宝：一是汉字，二是手艺。我觉得专家访谈也有两个法宝：一是提问，二是提炼。据我了解，在采访每一位教育家之前，兴华同志总是精心策划，把功课做得十足：先是仔细查阅该专家的背景资料甚至兴趣爱好，认真阅读其论文、专著、讲话、报道等，有时还要请教与这位专家较为熟悉的学者或学生，然后重点梳理，确定出采访的主题，细心设计所提的问题。采访后，他边听录音边整理文字，边整理文字边进行思考，有的地方要听多遍，有的地方还要在尊重专家本义的基础上进行一定的提炼和润色，常常忙到深夜，甚或东方破晓。完稿后，还要与专家电话或书面沟通，征询意见，特别是在那些专家欲言又止、颇有顾虑而又思考深刻、促人反省的采访话语的取舍和斟酌上，有的甚至要反复多次。个中滋味，"春江水暖鸭先知"，这从他的"采访手记"中可窥一斑。记得清代钱泳在其《履园丛话》中说过："读万卷书，行万里路，二者不可偏废。"按时下学界的流行说法，就是"板凳学问"与"行走学术"并重。说实话，出门远行是一件很麻烦很辛苦的事情，订票买票，上车下车，约人见人，所以出门采访确实是一件"苦差事"。兴华同志筛选十年教育难题，选择十位大家解读，不难想象出他那种"疲于奔波""茹苦含辛"的劳动强度。"能力是干出来的""爱拼才会赢"，的确如此！

兴华同志这本书中访谈的这些博学善思、德高望重的著名"教育家"，应该说我都比较熟悉。因为在我从教育学硕士到教育学博士的求学道路上，在我进行高等教育理论研究的过程中，在我担任大学校长的办学实践中，可以说是读着他们的著作和论文，听着他们的讲课和报告而成长起来的。他们都是我最尊敬的学术导师，都曾以不同的形式给我热心的指导和帮助。直到今天，导师潘懋元先生在我博士学位论文上留下的那些颤抖的有些模糊的改稿字迹，仍然不时浮现在我的眼前；潘先生和其他几位先生——顾明远、周远清、刘献君、朱小蔓、邬大光到临沂大学讲学时的振聋发聩的精辟观点，至今萦绕耳畔，刻骨铭心。

我和兴华是泰安老乡。"老乡见老乡，两眼泪汪汪。"特别是我进入省委机关工作之后，由于为每期《山东高校思政》撰写"卷首语"的缘故，与他的交往越来越多。他亲自到我的办公室交谈，嘱我为本书写序。记得我 2007 年在美国哈佛大学访学时，也曾颇费周折地采访过哈佛大学第 25 任校长德里克·博克、第 27 任校长劳伦斯·萨默斯、第 28 任校长也是该校 371 年来第一位女校长德鲁·福斯特，还风尘仆仆地专程赴康涅狄格州纽黑文市，采访了耶鲁大学校长理查德·莱文和被誉为"东方神探"的美籍华人李昌钰博士，因而我深知采访过程的艰辛和结集出版的难得，由此对兴华同志的贡献也甚为敬重。"最是书香能致远"，我相信，大家阅读本书之后，一定能从中得到智慧和启迪，从而增强自心内在的光芒和动力。所以，虽才疏学浅，仍略抒所感，是为序。

2018 年 3 月 31 日于泉城

（作者系高等教育学博士，中共山东省委党史研究室巡视员，曾任临沂大学党委副书记、校长、教授，普通高等学校本科教学工作水平评估专家，山东省有突出贡献的中青年专家，享受国务院政府特殊津贴专家）

以读者视角聚焦难题　借专家智慧探寻答案

（代前言）

当前，伴随着互联网的迅猛发展，社会进入了快速阅读时代，如何激发读者的阅读欲望，成为专业类学术期刊面临的一大难题。我负责《山东高等教育》通联、编辑和约稿工作时，精心策划"高端访谈"栏目，筛选十年间（2008～2018年）社会高度关注的教育难题，分别邀请十位当代教育名家进行权威解读。不少访谈文章被《新华文摘》等权威刊物转载，再次唤起读者的阅读兴趣和热情，好多热心读者给编辑部写信谈感受、提建议和索要原文，"高端访谈"很快成为一个品牌栏目。

一、以读者视角聚焦难题

文章大家夏丏尊曾说，文章无非都是想适应读者的心情，因为离开了读者，就可不必有文章的。《山东高等教育》的读者是谁呢？就是高等教育工作者，主要是从事高等教育管理、教学、科研的这三类群体。他们最关注的问题是什么？通过在济南、青岛、烟台等地调研，我得出一个结论：他们高度关注高等教育改革发展中的热点难点问题，这与社会密切关注的教育问题高度一致。因为高等教育与社会经济、政治、文化的关系更密切，高等教育工作者要更关注社会发展的新趋势和时代提出的新要求。

进入新世纪特别是近十年来，我国教育改革与发展取得了巨大成就，但仍面临诸多问题和挑战。正像中国教育学会会长钟秉林所说，必须清醒地看到虽然我国教育规模已位列世界首位,但还不是教育强国,人才培养质量还不够高,国际竞争力还不够强,还不能很好地满足人民群众的需求和经济社会发展的需要。特别是高校培养创新人才乏力,技术技能型人才紧缺,教育对经济转型升级和全面建成小康社会应当发挥的人力支持和智力支撑作用还没有充分发挥。必须清醒地看到我们教育观念仍然比较落后,对于教育外部发生的急剧变化不够敏感。不少学校仍在一味延续传统的课堂教学模式,教育方法、管理模式还不能很好地适应全球化、信息化提出的新要求。以"慕课"、翻转课堂为代表的教育创新层出不穷,然而教育行业仍然缺乏敏锐度和危机感。

随着教育改革进入"深水区",一些难点和一些"顽疾""痼疾"也如影随形,成为教育领域"人民日益增长的美好生活需要和不平衡不充分的发展之间的矛盾"的突出表现。

在高等教育领域也出现了一系列热点问题。在专家的建议下,我们吸纳了一些高等教育学、计算机学、统计学等专业的博士组成科研团队,设计调查问卷,对热点问题进行了再聚焦。通过全国会议、杂志发行和网络征集三条渠道,共发放问卷6000份,收集有效问卷4326份。首先整理出43个比较集中的热点问题,然后进一步排序分析,最后遴选出10个最具代表性的问题,分别是人才培养质量问题、办学体制问题、民办教育问题、高职教育问题、高校行政化问题、学术腐败问题、师德建设问题、学校治理问题、教育手段现代化问题、当下怎样当一名好教师的问题。这些过去不甚突出或者从未出现的问题已经成为社会高度关注的热点,甚至成为很棘手的难题。

怎样看待这些热点难点问题,怎样解读和解决这些热点难点问题,对症下药,真正起到疏通引导、探讨出路的作用,是新时代向教育工作者和研究者提出的新任务、新要求,也是读者最为关心的问题。于是,我们决定拿出人力、物力,邀请全国一流专家进行权威解答。

二、借专家智慧探寻答案

针对社会高度关注的这十大教育难题,我们在全国遴选了对应课题研究的十位专家通过访谈予以解答。这些专家在全国知名度高,治学严谨,研究问题完全靠科学论证,非常有说服力。比如,跟经济建设关系最为密切的高等职业教育如何突破发展瓶颈这个难题,著名高等教育学家潘懋元就拿出了令人信服的解答。

潘老接受访谈时,十分有条理地列举了当前高等教育存在的问题,并认真分析后提出对策。特别值得一提的是,他用科研数字纠正了当前对高职认识的误区。近年来,高职尤其是民办高职招生难的问题,通常的观点认为是受人口出生率低谷的影响,甚至很多教育部门的领导也是持这种观点。这种观点对不对?很少有人去深入探究。

让人惊喜和敬佩的是潘先生拿出了与众不同的观点和科学数据。他除了将全国高等教育的适龄人口的下降趋势做了统计,同时也将普通高中毕业生的数量增长趋势做了统计,这就跳出了人们习惯于将生源不足问题归因为人口出生率下降的窠臼。他指出,表面上看,出生人数逐年下降和报名人数逐年下降两者间的关系好像很简单,但是实际上,报考大学的人数多少是由普通高中毕业生的数量决定的。而我国这几年来高中阶段毕业生的数量却是不断增长的。因此,潘老总结说,有资格报考大学的人数不断增加,而实际报考的人数却在不断减少。所以,人口出生率降低并非造成高职尤其民办高职发展难题的原因,高职尤其民办高职招生难的真正原因是收费高、就业难。这就要求政府增加对高职的投入,减轻高职学生家庭负担,强化高职院校设施建设,提高教学质量。因此现行政策需要重新考虑和研究。

高校师德问题是近几年被社会诟病的一个热点问题,也是一个老大难。从教育部到各省教育行政部门,下发了若干文件就是不见效果。在访谈中央教科所原所长、著名德育专家朱小蔓后,她的思路和对策让人茅塞顿开。在朱所长看来,师德建设之所以收效甚微,原因是没有找到"体现师德建设规律的路径"。在社会转型的新形势下,要做好师德建设工作,需要进一步转换思路,特别需要回归到"人"本身。她说:"道德教育是人内心的自觉唤醒,教师职业道德建设需要从源头上去寻找途径。特别需要从如何激励教师获得职业上的认同感、尊严感,愿意遵从、磨砺职业操守直至心向往之这一思路上加以考虑。"

这些新理念、新建议,既有吸引力又有说服力。怎能不赢得读者青睐?

三、用学术态度打造精品

要想赢得读者,必须坚持"内容为王,学术至上"的原则。在精心策划"高端访谈"选题、精选专家的基础上,我们还根据新形势新要求,加强理论学习和科学研究,用学术态度打造精品。

每采访一位教育家前,我们都精心做准备。主要包括三个方面:一是尽量把社会关注的热点和难点予以梳理,搞清楚来龙去脉,避免访谈时抓不住重点,导致"跑题"。二是尽量把该专家的著作和文章研读一遍,搞明白主要理论和核心观点,避免采访时提出无效问题,导致肤浅化。三是提高自己的教育理论素养,尽量在采访当中,既能做到"学会倾听",又能做到"善于对话",碰撞出思维火花,增强访谈的思想性。

在中国办大学应该走出一条什么"道路",也是读者关注的一个热点问题。在我国学术界较早注意研究、深入探索和潜心总结高等教育的"中国道路"这个命题的是厦门大学副校长邬大光教授。

2014年夏天,我到厦门参加全国高教论坛,专门拜访了邬教授。当时他非常忙碌,就给了我一叠他的讲义《中外高等教育的反差》,略有抱歉地告诉我,这是他参加会议的发言和给学生上课用的讲稿的混合物,他和几个博士生一直想整出一篇文章来,却一直没有整成。他希望我对这些讲义进行整理,作为对他的访谈稿。

每当我忙完一天的工作,夜深人静的时候,就会翻开邬教授的讲义,细细研读、默默思考、提炼。这厚厚的几万字的材料,一直在讨论一个问题:"我国高等教育究竟应该走一条什么道路?"与其他专家多从宏观角度,特别是套用宏观政治理论来诠释的思路不同,邬教授有自己独有的研究视角、观点和论述方法。他从现象学、比较教育学的视角对中外高等教育的差异进行了详细解读,令人叹服。虽然文字显得冗长,但思想是深刻的。我决定尽自己所能,把这块"璞"打磨成"玉",让它光亮起来。

于是,我把讲义中闪光的地方提取出来,重新构架和安排材料,在反复思考、不断优化的基础上,写成了《探索高等教育的中国道路——对话中国高等教育学会副会长,厦门大学副校长邬大光》初稿。这个初稿,将邬教授思想的精华进行了提炼,针对"为什么国外高等教育到中国来就水土不服""中外高等教育的差异性及其背后影响因素是什么""我国高等教育应该走一条什么道路"等问题,采用对话形式做了阐述和解答。

为了"观点落地"和"增强可读",我还注意把宏观问题具体化,把抽象问题形象化。连每部分的标题,我都尽量进行创意性构思,力求新颖而富有文化内涵,如"为何'淮南为橘,淮北为枳'""中体西用还是西体中用"等等,尽可能引发读者思考和引起共鸣。

当我的访谈初稿出来之后,我怀着忐忑的心情发给了邬教授,没想到邬教授出奇地满意。他回电热情鼓励说:"提炼得非常好!我让几个博士都学习了!"

能够亲手提炼、整理邬教授的讲义,是我的荣幸,也给我带来了极大的幸福感。回想温暖灯光下研读邬教授讲义的那一个个夜晚,回想自己受到专家思想启发、灵感迸现的那一个个瞬间,回想那一个个精心构思访谈提纲的不眠之夜,我的心中洋溢着温馨。在不断加强学习和研究的过程中,在用细致的学术态度力争打造精品的过程中,我感受到了自己的成长,也品尝到了果实的甜蜜。

(本文原载全国中文核心期刊《青年记者》2018年8月中旬刊,有删节)

Contents

目 录

1	序/韩延明
1	以读者视角聚焦难题　借专家智慧探寻答案（代前言）
1	新形势下如何改革人才培养机制 ——对话中国教育学会原会长、"当代教育名家"顾明远
23	民办高等教育的困境与出路 ——对话"全国教书育人十大楷模""当代教育名家"潘懋元
47	改革是高等教育事业发展的动力 ——对话教育部原副部长周远清
71	从"管理"到"治理"：深化高教综合改革的重大课题 ——对话中国高等教育学会原会长瞿振元
91	寻找高校师德建设的新思路与视角 ——对话中央教科所原所长、"当代教育名家"朱小蔓

117	院校研究：现代大学管理科学化的助推器 ——对话全国院校研究会会长、华中科技大学原党委副书记刘献君
137	今天，我们应该如何应对"慕课"的挑战 ——对话教育部科技发展中心主任李志民
155	高校如何去行政化 ——对话中国矿业大学（北京）副校长姜耀东
177	探索高等教育的"中国道路" ——对话厦门大学副校长邬大光
205	在高校，如何做一名"好教师" ——对话"全国十佳师德标兵""当代教育名家"林崇德
231	后记

新形势下如何改革人才培养机制
——对话中国教育学会原会长、"当代教育名家"顾明远

专家传略

顾明远，1929年10月14日生，江苏江阴人，中共党员，教授，博士生导师。曾任北京师范大学副校长、北京师范大学研究生院院长、国务院学科评议组教育学科组长、中国教育学会会长等职，并曾在世界比较教育联合会任两主席之一。

现任北京师范大学教育管理学院名誉院长、北京师范大学国际与比较教育研究所教授、博士生导师、教育部社会科学委员会副主任、教育部高等学校设置委员会委员、《比较教育研究》杂志主编、《高等师范教育研究》杂志主编、《教育研究》编委会副主任以及北京大学、清华大学、国家教育行政学院兼职教授等职，2008年被美国哥伦比亚大学师范学院授予荣誉教授称号，以表彰其在推动比较教育学科发展以及促进中美教育学术交流方面的杰出贡献。

自1974年顾明远教授以中国代表团顾问的身份赴

法国巴黎参加联合国教科文组织第十八届大会以来，为促进国际教育交流与合作，多次赴日本、韩国、美国、加拿大、巴西、西班牙、苏联、法国、捷克斯洛伐克等国家和地区进行访问，在国际教育研究界，特别是在国际比较教育界，有很大影响，曾任世界比较教育研究学会两主席之一，担任第一届、第二届亚洲比较教育学会执委等职。

尤其是改革开放以来，顾先生参与和见证了中国重大的教育规划与决策，如在他多年的不懈努力奔波下，1996年国务院学术委员会通过设置教育硕士专业学位的决议，为中小学教师获取研究生学位开辟了道路；他倡导并建立了比较教育学等教育学科，为我国引入了"终身教育"等重要的现代教育思想，而他的"没有爱就没有教育，没有兴趣就没有学习"早已成为广大教育战线工作者们的座右铭。

在60多年的从教岁月中，顾明远教授既当过教师，又做过教育行政工作；既深入到一线教育实践中，又从事着理论研究。他涉猎的研究领域十分广泛，在教育基本理论、基础教育、比较教育学、教师教育、终身教育、高等教育、教育现代化等研究领域都有很深的学术造诣，并在教育研究方法论问题上也提出了许多创新性观点。

顾先生曾多次担任国家及教育部重大教育科研项目的负责人，如全国高校教研会重点课题"关于教学评估与质量保障体系的研究"、全国学位与研究生教育发展中心"十五"立项课题"研究生教育收费标准及奖助学制度研究"、全国教育科学"十五"规划重点课题"中国教育大百科全书"等，数次领导和推动了中国重大教育问题的讨论和改革，至今已培养博士研究生近50名，发表学术论文350余篇，出版著作并主编丛书数十部，荣获多种科研奖项，可谓不辍耕耘，硕果累累。

因顾明远先生在人文社会科学领域做出的卓越贡献，2014年12月18日，吴玉章基金为先生颁发了"吴玉章人文社会科学终身成就奖"。2017年11月29日，顾先生被中国教育学会、中国高等教育学会、中国职业技术教育学会、中国教育电视台、中国教育报刊社、人民教育出版社等联合成立的当代教育名家推选活动组委会推选为"当代教育名家"。

核心观点

- "提到钱学森之问,我认为,它质疑的是我们一直沿袭的陈旧死板的教育教学模式,追问的是我们的人才培养模式创新和改革问题,呼吁的是我们培养出'杰出人才'。"

- "当然'杰出人才'不单单是学校培养出来的,它还有其他的一些条件,如人才成长和发展的环境等等都是缺一不可的。但是学校是很重要的,因为学校是打基础的,包括大学也是。"

- "其实大学虽然跟基础教育不一样,但是大学也还是要打基础,因为学生还是在人生的基础阶段,当然还要培养学生的思维方式。"

- "解决钱学森之问,改变人才培养模式,培养杰出人才,我觉得还有一个重要问题就是培养学生的兴趣爱好。大学必须要改革,课程要改革,必修课要减少,选修课要增多,让学生来选择。"

- "大学要实行宽进严出。我曾向中央教改办提过一个意见,现在大学应该采取宽进严出的办法。现在是严进宽出,正好反过来了,一考上大学以后,就能毕业,很少不能毕业的,除非犯了什么大的错误。"

- "改变人才培养模式,我觉得还有一个最大问题,这就是现在大学同质化。这个问题的确比较严重,而且有一种风气很不好,一是同质化,一是升格风,所有的学校都想升格,专科想升本科,本科想升大学,这不符合教育大众化的要求，还是那种精英教育的传统思想，所以教育观念要改变。"

- "大众教育，人才的培养应该是有层次的。大家都想办一流大学，但是人们对一流大学的理解不一样，并不是说都办成北大、清华才叫一流大学，学校办出特色，即使是一个专科，也可以办成一流，是一流的专科嘛。"

- "高等学校里面还有一个大问题就是官本位。我常说，当前高校有两大问题，一个是同质化，一个是行政化。行政化就是官本位。"

- "取消行政级别才能解决大学同质化、功利化问题，才能从制度上为培养人才营造一个良好的环境。功利化问题，在大学是个突出问题。大学当然要跟地方经济联系，要为地方经济服务，这是应该的，也是必须的。但是，我说的功利化不是服务的问题，是大学所谓的'创收'问题，这也是中国的特点。世界上还真没有一个国家说要大学去'创收'的。"

- "大学能不能搞创收？也不是说不可以搞创收，任何问题不要绝对，但是你要创收的是，你要搞出你的产品来，要靠你的产品为社会服务来创收。而我们现在却不是，而是搞什么'培训班'之类，搞一些没有科技含量的东西，占了大学的资源。现在很多大学为了挣钱浪费了大学资源。大学现在老师又少，再浪费大学的资源，是非常不应该的。"

- "对教育改革还要提出一条，就是强调教授治学。要充分发挥教授的学术影响力，强化高校的学术性。另外，高校改革里头还有一条，就是重视本科生的教学，特别是重点大学，现在重点大学对本科生的教学不够重视，很多著名的专家学者都去搞科研去了，都去指导研究生去了，忽视了本科生。"

- "现在的研究生，大家都感觉到不如以前。为什么不如以前？就是因为本科生的教学不如以前。所以大学的改革要重视本科教学，让最好的教师去给本科生上课。"

- "还有一个问题，就是培养学生动手实践能力的问题。我们说实践是创新之源，实践能力非常重要，可是现在大学客观条件上，设备少了；主观原因上，现在老师，包括领导对学生的实习不重视，甚至有些放任自流。这对培养创新人才极为不利。"

对话全文

> 《中共中央关于全面深化改革若干重大问题的决定》（2013年11月15日正式公布）提出要"创新高校人才培养机制，促进高校办出特色，争创一流"。如何深化教育综合改革，创新高校人才培养机制，积极为建设高等教育强国做出积极贡献？笔者带着这些问题采访了国家教育咨询委员会委员，中国教育学会原会长，我国著名教育家顾明远先生。

十八届三中全会对深化教育综合改革提出新要求

作者：党的十八届三中全会做出了《关于全面深化改革若干重大问题的决定》，对深化教育综合改革提出一系列新要求。请您具体谈谈这些新要求的基本精神以及对指导当前高等教育改革发展的重要意义。

顾明远：十八届三中全会对教育提出了一个总体要求，非常全面，非常具体，具有可操作性。这个总体要求就是深化教育领域的综合改革。所谓深化，就是要解决深层次的问题。我们现在要从发展数量向提高质量转变。我国这几年教育发展得很快，已经是一个教育大国，有两亿五千万学生在各级学校中学习，但是我们还不是人力资源的强国。表现在哪里呢？表现在我们全体公民的素质有待提高，这是普及的方面。另一方面，拔尖创新人才还短缺，教育还不能完全适应经济社会发展的需要，以及家长热切呼吁"让子女接受良好教育"的需要，所以必须要深化改革。现在大家议论纷纷的是教育公平问题，促进教育公平，提高教育质量，也需要通过深化改革。其实，促进公平和提高质量，这是一个问题的两个方面，所谓不公平主要还是因为质量的不均衡，把质量提高以后，才能真正促进教育的公平。

当然，这表现在高等教育方面，还有一个地区的不均衡。大学里头，城市的学生和农村的学生不均衡。过去我们农村的学生在大学里是很多的，像二十世纪五六十年代，占的比例很大，现在占的比例很少。最近这几年国家采取了一些措施，比如北京大学，前两年只有10%的农村学生，现在对农村地区、中西部地区采取了特殊倾斜政策，增加一些名额，现在达到了14%，但是，仍然还没达到过去的水平。所以从教育公平角度来讲，在高等学校里，还有一个城乡之间的差别，即农村孩子上学的问题。

另外，全会讲到的教育领域的综合改革，我的理解是，不是一个单向的改革，因为教育是一个综合体，从幼儿园到高等教育，从学校教育到家庭教育再到社会教育，是一个整体工程。从这种意义上讲，深化改革就要统筹兼顾，各方配合。

改革的核心是坚持立德树人，加强社会主义核心价值体系教育。十八大提出，立德树人是教育的根本任务。十八届三中全会再一次提出，要坚持立德树人，这是教育改革的核心，也是我们教育发展的核心。立德树人，首先就是要把社会主义核心价值观贯穿到教育的全过程。所谓贯穿到教育的全过程，可以从两个方面来理解，一个是纵向的层面，就是从幼儿园一直到大学，包括研究生，都要根据学生的年龄特点，有针对性地培养社会主义核心价值观。当然,培养的途径和方法不可能一样,幼儿园跟小学不能一样,中学和大学不能一样,但是,从学前教育就开始注意培养学生的良好习惯,到慢慢培养学生的理念和信念,一直到培养学生正确的人生观、价值观、世界观,这个工作要真正贯穿到整个教育的全过程。另一个是横向的层面,就是要把社会主义核心价值观贯穿到学校教育工作的各个方面。在学校里头,不仅仅是要加强政治理论课的建设,对高等学校来讲,要在各个学科教学中,都注意渗透和进行社会主义价值观教育。在学校各项活动当中,老师特别是高等学校的老师要以身作则,以严谨的治学态度,高尚的思想情操来影响和引领学生。

作者: 立德树人是教育的根本任务,是培养什么人、怎样培养人的根本问题。要培养德、智、体、美全面发展的社会主义建设者和接班人,就必须把德育放在首位。立德树人,使我们培养的人才既有高度的道德素养,又有建设社会主义的真实本领,这是您多次在文章和讲话中强调的一个观点。请您再具体谈谈就基层学校来讲,应该如何去认识"立德树人",尤其是如何去实践"立德树人"?

顾明远: 教育要坚持德育为先,立德树人。学校工作首先是要培养人才,所谓"人才",首先是"人",然后才是"才"。首先要培养学生做人,做一个对社会有责任心、有创新精神、有实践能力的社会主义的建设者和接班人。当前我们的教育正在遭遇多元文化、多元价值观的挑战,社会各种思潮通过各种信息媒体向青少年奔涌而来。如果我们不能用正确的人生观、世界观、价值观加以引导,青少年可能就会迷失方向,走入歧途。加强道德教育是时代的要求,是当前形势的迫切要求。

当前要把诚信教育放在重要位置。诚信是中国的传统美德,古人说:"人所以立,信、知、勇也。"诚信既是一个人的立身之本,也是一个民族、一个国家的生存之基。诚信是人与人之间建立良好关系的基础,也是建设和谐社会的重要基础。随着市场经济的推进，各种利益集团追名逐利，社会出现许多失信的怪现象，极大地影响了青少年教育。因此，加强诚信教育，从我做起，实在刻不容缓。

德育工作要以学生为主体，充分发挥学生在教育教学活动中的主体作用。学生成长在活动中，这是教育的一条重要规律。要让学生走到大自然中去，走到社会中去，引导学生在实践中认识世界、认识社会，在活动中体悟生活，在与同伴的交往中学会正确地对待自然、正确地对待社会、正确地对待他人、正确地对待自己，从而提升自己的道德修养。现在许多学校在组织学生社会活动时有种种顾虑，怕出现安全问题，因而因噎废食，不敢组织学生到自然中去，到社会上去，结果孩子们缺乏锻炼，将来难以适应瞬息万变的世界。

道德教育要利用社会的一切资源，包括家长的资源、社区的资源、社会各种文博资源，特别是要与家长沟通、配合，形成教育合力。社会媒体要充分发挥媒体教育功能，杜绝不健康的内容。全社会共同努力，把我们的下一代培养成身体健康、品德高尚、知识丰富、能力较强的一代新人。

教育改革的突破口在于人才培养模式

作者：深化教育综合改革，涉及方方面面。您认为当前教育改革的突破口和重点在哪里？

顾明远：改革的突破口，改革的重点，我觉得就是在人才培养模式的改变。早在1985年5月27日，中共中央颁布的《关于教育体制改革的决定》就明确指出，教育体制改革的根本目的是提高民族素质，多出人才，出好人才。现在教育领域存在的很多问题还是人才培养模式问题，我们现在的教育观念还比较陈旧，教学内容和方法还比较落后，过去我们经常讲，从小培养学生独立生活和思考的能力很不够，发扬立志为祖国富强而献身的精神很不够，生动活泼地用马克思主义思想教育学生很不够，不少课程内容陈旧，教学方法死板，实践环节不被重视，专业设置过于狭窄，不同程度地脱离了经济和社会发展的需要，落后于当代科学文化的发展。这些问题，虽然有所改变，但是仍然没有彻底解决，有些观念仍然陈旧，有些认识仍然模糊，有些还十分突出。譬如，什么叫人才观，什么叫质量观？什么叫学生观，什么叫好学生？诸如此类认识依然还存在着偏差。在大学里，教学很少重视学生的主体地位，很少重视培养学生的思维方式。平等互动、相互交流的场面比较少见，常见的还是一些比较陈旧的教学方法。可以说现在大学的教学改革，不如中小学。中小学已经把学生作为主体，把选择权还给学生，他们正在尝试和实践参与性的教学、探索式的教学。

遗憾的是，现在大学还是老师讲，学生听的现象比较多。实际上教育教学模式还是灌输式的。当然，有些教师特别是年轻教师有的时候也做一些现场的课件，做PPT，但是从本质和效果来看，并没有真正启发学生学习的积极性。所以，改革人才培养模式，首先老师要改变教育观念，要树立正确的人才观、教育观、质量观，特别要重视培养学生的思维能力。大学这个地方是一个创新知识、创新思维方式的地方，是一个创新价值观的地方，它跟中小学不一样，中小学是打基础，大学是要创新，创造思维。

作者：当前人才培养模式问题，的确令人担忧。这让我们联想到钱学森之问，钱老生前曾发出这样的感慨：回过头来看，这么多年培养的学生，还没有哪一个的学术成就能跟民国时期培养的大师相比！他认为："现在中国没有完全发展起来，一个重要原因是没有一所大学能够按照培养科学技术发明创造人才的模式去办学，没有自己独特的创新的东西，老是'冒'不出杰出人才。"

顾明远：提到钱学森之问，我认为，它质疑的是我们一直沿袭的陈旧死板的教育教学模式，追问的是我们的人才培养模式创新和改革问题，呼吁的是我们培养出"杰出人才"。当然杰出人才不单单是学校培养出来的，它还有其他一些条件，如人才成长和发展的环境等都是缺一不可的。但是学校是很重要的，因为学校是打基础的，包括大学也是。其实大学虽然跟基础教育不一样，但是大学也还是要打基础，因为学生还是在人生的基础阶段，当然还要培养学生的思维方式。

2012年经济合作组织曾经发表了一个报告，叫作《为21世纪培育教师和提高学校领导力：来自世界的经验》，提出21世纪学生必须掌握四个方面的技能：第一是思维方式，要培养学生批判型的思维，创新型的思维。第二是工作方式，学会跟社会沟通，与他人沟通，有社会责任心。第三是工作工具，要掌握信息技术，现在信息技术发展很快，要会用信息技术，要会正确地处理信息。第四是生活技能、生活能力、生活方式，即个人对自己的责任心，对自己生活的规划。对大学生来讲，我觉得这四个方面都很重要。特别是会和别人沟通，尊重别人，因为你将来要走向社会嘛。

另外，解决钱学森之问，改变人才培养模式，培养杰出人才，我觉得还有一个重要问题就是培养学生的兴趣爱好。大学必须要改革，课程必修课要减少，选修课要增多，让学生来选择。我们现在高等教育离不开基础教育，基础教育一般很少培养学生的兴趣爱好，所以学生报考大学，并不是按照他自己的兴趣爱好来报的专业，往往是按照分数来报专业。分数高了，就报一个好的学校；分数差的，就去差的学校。学生到了大学里，想转专业的很多，因为他报的专业不喜欢。转专业当然不是不可以，我觉得应该允许，允许学生转专业，转到他喜欢的专业，这样他才会得到发展。但是基础教育早一点培养他的兴趣爱好不是更好吗？这个跟基础教育有关系。

还有，大学要实行宽进严出。我曾向中央教改办提过一个意见，现在大学应该采取宽进严出的办法。现在是严进宽出，正好反过来了，一考上大学以后，就能毕业，很少不能毕业的，除非犯了什么大的错误。我觉得从现在来讲，大学宽进严出的条件已经具备了。为什么呢？因为现在高等学校的普及率越来越高。普及率高了，好多省份高等教育毛入学率已达到甚至超过百分之四十，全国平均也有百分之三十几。资本主义国家，像德国也不过百分之四十几。当然其他发达国家要高一些，百分之七八十，但是我国已近百分之四十了。考生录取的比例每年都在百分之六十以上。

我们高等教育已进入大众化阶段。过去我国大学生是由国家公费包下来的，所以觉得资源不能浪费，少让一个学生毕业不就浪费了？但是现在学生都交费上学了，因此学习不好可以留级，按照学分来收学费。当然国家还是要补贴，国家并不是依靠学费来办学，但是至少现在已经市场化了，现在是交费上学了。那么，应该就有条件可以宽进严出。当然宽进也不是那么宽，我们还是要按照现在的考试制度来选拔。但是要严出，现在毕业生的水平都不一样，同是一个学校，有些毕业生的水平很差。到了大学，很多学生是在混日子，还有代考的、代上课的、代写论文的。这样的毕业生出来以后，达不到大学的水平，所以我对中央教改办提过意见，现在要严出，要严格要求。这是大学人才培养模式改革中的一个新的建议。

作者：您提的宽进严出的建议很好，对大幅度提高教学质量，培养杰出人才肯定会产生重要作用。现在，我们还注意到一个问题，就是在高等教育进入大众化的现阶段，如何因材施教。我们发现在高校扩招以后，师生比例不太合理，教师少，学生多，这样一来，老师不认识学生，群众反映，现在有的大学上课就是"一锅来煮"。过去上大学像小炒，现在上大学像大锅菜，这样怎么能因材施教啊？

顾明远：对，因材施教问题是创新和改革人才培养模式的一个重要问题，这里面涉及合理而科学的师生比例。高等教育发展要讲统筹兼顾，协调发展，具体说就是规模、结构、质量和效益协调发展，只有这样才能确保提高教育质量。大学扩招以后,出现了不协调现象,师生比例不科学。一开始的时候,扩招的头几年,生师比例很大,一名老师大概对应二十名学生,这不利于因材施教,势必会影响教学质量的提高。近几年情况有所好转,但是还没有得到根本改观。我查了资料,以2012年为例,全国师生比是1∶16,就是一个老师带十六个学生。像江苏这样的先进省份,计划到2015年这个比例不能低于1∶15。国外一般就是1∶10、1∶11、1∶12,我们的生师比例确实高一点。

改变人才培养模式,我觉得还有一个最大问题,就是现在大学同质化。这个问题的确比较严重,而且有一种风气很不好,一是同质化,一是升格风,所有的学校都想升格,专科想升本科,本科想升大学,这不符合教育大众化的要求,还是那种精英教育的传统思想,所以教育观念要改变。大众教育,人才的培养应该是有层次的。大家都想办一流大学,但是人们对一流大学的理解不一样,并不是说都办成北大、清华才叫一流大学,学校办出特色,即使是一个专科,也可以办成一流,是一流的专科嘛。我经常讲,过去上海立信会计学校,就是一个中专学校,但是它很有名气,新中国的会计师大部分都是从那里出来的。还有杭州美术专科学校,有很多美术人才、画家、艺术家都是从这个学校走出来的。像上述这类中专、大专都是一流的。所谓一流就是要在层次里头的一流,而不是都办成像清华、北大,或者是哈佛大学那样的一流。现在人人都想办成哈佛大学、清华大学、北京大学,那种同质化的思想太严重了,我觉得这很不利于学校的发展,很不利于人才的培养。

最关键是要营造人才辈出的良好环境

作者:刚才您联系高校实际,对目前高校人才培养模式进行了剖析,很深刻,很到位,很有启发意义。人才成长除了培养模式问题,还有环境问题,您是怎样认识和思考这个问题的?

顾明远：这是个关键问题。特别是当前社会转型的条件下，如何创造公平的、良好的人才成长环境尤为重要。譬如，选人用人公平问题、学校治理如何去行政化问题、学校领导如何克服与教师争利问题，还有企业如何支持大学生见习、实习、就业等问题，都关系到人才的健康成长。

当前还存在某种程度上的就业歧视。整个社会在用人上有一种倾向，就是拔高学历。有些用人单位只重视学历，不重视能力。有的单位要看你是不是"重点高校"，甚至还要"查三代"，不仅仅是看你的学历，还要看你是哪个学校毕业的，如果你是博士、硕士的话，还要查查你的本科学校是不是"211"或者"985"。说起这个问题来，我觉得话就长了，教育里的问题，就教育论教育，说不清楚。说到底，这是个社会问题，首先社会不公，收入不公，分配不公。因为分配不公，大家都要找好的工作，高职学校毕业的，收入就低。这实际上就是社会的文化歧视，导致人民不重视甚至轻视和歧视职业教育。我们常常说"学而优则仕"，没说"学而优则工""学而优则农"。学而优就要当公务员吗？就这种思想，没人说学好了要当工人，现在技工最缺，什么原因？这是文化的影响。

作者：记得我读小学的时候，老师问："你长大干什么？"我们都争先恐后地回答："长大当名饲养员！""长大当名清洁工！"现在，很难听到学生这种声音了，相反常听家长说："你要是不好好学习，将来就让你当清洁工捡垃圾去！"

顾明远：这就是中国的攀比文化。你家孩子考上北大清华，你是很荣光的；我的孩子考上山东大学，可能面子就不如你好看了。山东大学也是重点大学，但它不如清华北大，是地方大学。这就是攀比的问题了。攀比文化，一个是社会的因素，社会不公的因素；一个是文化不公的因素，用人的因素。学校"升格风"实际上也是攀比文化的一种表现，中职升高职，高职升本科。正是这种攀比文化的影响，导致人心浮躁。作为校长，不管是哪个层次的学校，都应该安心于学校管理和教学工作，办成一流学校。为什么非要升格呢？是不是因为本科学校拨款多，专科学校拨款少？有时我想，学校升格问题，也不完全是一个钱的问题，我倒觉得还有一个更为现实的问题，就是校长的级别问题。如果是高职院校，校长是副厅级；如果升为本科院校，他就是正厅级了。所以，高等学校里面还有一个大问题就是官本位。我常说，当前高校有两大问题，一个是同质化，一个是行政化。行政化就是官本位。"985"大学，校长就是副部级；一般本科院校就是正厅级；如果你原地不动仍然还是高职院校，对不起，你这个校长就只能是个副厅级了。这里是不是有个级别在作怪？所以，这次十八届三中全会讲深化教育综合改革的一个重要内容就是学校要取消行政级别。

取消行政级别才能解决大学同质化、功利化问题，才能从制度上为培养人才营造一个良好的环境。关于高校同质化问题我们已经讨论了，这里就不再累述了。功利化问题，在大学是个突出问题。大学当然要跟地方经济联系，要为地方经济服务，这是应该的，也是必须的。大学的三大功能就是教学、科研和服务，这三方面的功能，当然没问题。但是，我说的功利化不是服务的问题，是大学所谓的"创收"问题，这也是中国的特点。世界上还真没有一个国家说要大学去"创收"的。国外大学的经费来源，除了国家拨款，就是靠捐赠，校友的捐赠，还有其他社会组织的捐赠，当然也有发明专利的收入、校企合作的收入。但没有说大学自己去搞创收的。我们现在大学还要去创收，这是世界上其他国家没有的现象。大学能不能搞创收？也不是说不可以搞创收，任何问题不要绝对，但是你要搞出你的产品来，要靠你的产品为社会服务来创收，而我们现在却不是，而是搞什么"培训班"之类，搞一些没有科技含量的东西，占了大学的资源。大学不应该搞这种"服务"，大学要服务就要从创新知识、培养人才的角度来为社会服务。创造新产品，获得新专利，跟企业密切合作，出科研成果进而转化为生产力，但不是说去单纯为了挣钱，乃至于出现像哈理工那样的丑闻，这已经不是单纯的挣钱了，而是犯法了。现在很多大学为了挣钱浪费了大学资源。大学现在老师又少，再浪费大学的资源，是非常不应该的。

这次十八届三中全会对教育改革还提出一条，就是强调教授治学。这次规定非常明确，教育部已经有文件了，高校要成立学术委员会，学校的领导不应该成为学术委员会的主要领导，学校行政领导干部要参加学术委员会，只有极少的比例。要充分发挥教授的学术影响力，强化高校的学术性。另外，高校改革里头还有一条，就是重视本科生的教学，特别是重点大学，现在重点大学对本科生的教学不够重视，很多著名的专家学者都去搞科研去了，都去指导研究生去了，忽视了本科生。但是，本科生是我们大学的基础，如果本科生基础不打好，那研究生也没有办法培养好。现在的研究生，大家都感觉到不如以前，之所以如此，就是本科生的教学不如以前。所以，大学的改革要重视本科教学，让最好的教师去给本科生上课。你要培养创新人才，就必须重视本科生的教学，重视对本科生的思维训练。著名的专家、著名的教授去上课，跟一般年轻教师是不一样的。年轻教师上讲台，需要有个锻炼和成长的过程，大学的教授必须上讲台。教师不重视教学，重视搞课题搞科研，是有原因的，就是为评职称。如果教师没有文章就评不了职称，学生的课他教得再好，他也评不了职称。要改变这个现象，需要进行改革，将来可分两条线去设计：一条线是研究型教授；另一条线是教学型教授，教师教学好的，虽然没有多少文章，但也应该评教授。现在教得再好，没有文章，都评不了教授，我觉得应该有这种教学型的教授。在评职称上，要重视教学，从顶层设计上来重视教学。

作者：您讲得太深刻了。当前，还有一个很不好的现象就是学校领导跟教师争名利。

顾明远：是的，确实有些学校领导，跟老师争课题、争成果、争荣誉，没有境界，群众看不起，背后意见很大。对于搞课题评奖大都是领导获奖的现象我很有意见。这是一个很大的问题，导向和影响很不好。最近又要评教学优秀奖了。评教学奖要找专家来做鉴定，现在到我这来做鉴定的差不多都是校长、副校长，他们牵头申报教学优秀奖。但是当时教学优秀奖的初衷是为教师设立的，是跟科研平行的。科研有科研奖、优秀科研奖，有自然科学奖，还有科技进步奖，后来感觉到教学没有，所以1989年设立了这个奖项。开始的时候，就是针对教师来的，现在变成领导了，领导获奖了，搞一个课题都是领导牵头，我就特有意见，我对教育部提了好几次意见，现在跟原来设立的初衷不一样。我是头三届评委的副主任，第一届的一等奖就是北师大的一名物理教师，就是他一个人，他物理课讲得好。这名老师，说真的，真的是没有什么科研成果，但是他的课讲得特别好，是应该获奖的，大家很服气。我记得第二届的一等奖是上海幼儿师范专科学校的一名数学老师，也是一个教学非常出色的教师，全票通过。前三届的获奖者都是这样站在讲台上，善于教学的老师。现在都变成评校长了，校长带了一个团队，搞一个什么综合改革，真是有些莫名其妙，让人不可思议。这个现象老师很有意见。当领导的和教师争资源，课题他也要争，教学荣誉他也要争。这些评奖和荣誉称号是不是变味了？

还有一个问题，就是培养学生动手实践能力的条件问题。现在扩招以后，我们的高校实习场地、实验设备等条件，实际上普遍比较弱，学生见习实习这个环节被忽视了。我们说实践是创新之源，实践能力非常重要，可是现在大学客观条件上设备少了，主观原因上，就是现在老师，包括领导对学生的实习不重视，甚至有些放任自流。在实习阶段，学生去找工作，老师有的也不带队，学生回来以后交个"证明"，这个证明也可能是假的，这种现象是非常普遍的。过去读师范专业的，对见习和实习都很重视。由老师带着去见习，见习完了以后再去实习。实习教案要一遍一遍地改，然后让指导老师给予指导。试讲时，老师同学都去听，听了以后再集体评，两个月的实习，能实习十几节课。可是现在远远达不到这个要求了。还有工科学生，过去实习有专项经费，学水电的都要上水电站，上发电的库区去参观、学习和体验。平时，学校还有设备完善的实习车间，老师就带着学生在车间里实习，所以那个时代的学生动手实践能力特别强。大学生见习实习的状况虽然近几年稍有好转，但是还是远远不够。这其中也有原因，就是前面我们讨论的，现在高校界浮躁，都在说"奔一流"，都说要增加学习内容，这势必要挤掉见习实习的实践。现在学科的内容当然很多了，比以前要多得多，课程的内容很多，像理工科的学生，可能学习的东西很多，学习东西多了，当然就挤了实习时间。我主张，高校课程就讲基本的，要讲薄一点。可是，现在课程越讲越多，课本越讲越厚，所以学生就没有时间见习实习了。

再有一个，就是我们现在体制的问题。二十世纪五六十年代计划经济的时候还好，办一些企业，学校都可以统筹协调。现在不行了，你去企业，企业不欢迎。过去师范生到学校去实习，高校要给实习学校一些钱，实习学校很欢迎，现在你到学校里去实习，人家不欢迎。学生到工厂或者学校，没地方住，没地方吃。过去学生到工厂去实习是有补贴的，大约是工资的三分之一，这是最基本的，至少保证你吃饭。现在没有这个经费，企业也不欢迎，你来实习，设备弄坏了怎么办？这是体制的问题。

学校和企业要共同来培养人才，合作共赢，双方都受益，大家都有好处。为什么我们的职业教育，过去引进双元制教学，到中国行不通？人家双元制教学是以企业为主，我们是两个体系，教育是教育部门，企业是企业部门，各自为政，互相扯皮，怎么能形成合力共同培养人才？

总之，我觉得在提高认识，更新观念的基础上，要结合落实十八届三中全会精神，深化体制机制改革，把上述问题都解决了，那么钱学森之问就能够逐渐得到解决，一个人才辈出的时代就会到来。

作者札记

没有爱就没有教育

那是2014年的春天,正是全国"两会"期间,由全国人大代表、中国教育学会副会长、山东省教育厅副厅长张志勇预约,我跟凤凰网频道主编李志题按时走进了顾明远先生的家门。

顾先生早已在客厅等候我们,他的和蔼可亲和平易近人,让我们感受到了教育大家的温暖。顾先生已是85岁高龄的老人,但精神矍铄,依然忙着让座和倒水,虽然满头银发,却一丝不乱,丝毫看不到暮年之气,那慈祥而和善的容态彰显着儒雅之风。

他言谈举止,体现的全是一个"爱"字。"没有爱就没有教育,没有兴趣就没有学习,教师育人在细微处,学生成长在活动中。"这是顾先生一贯坚守的信条。

因为顾先生心中有爱,所以他特别强调"以人为本",他认为"教育的真正本质就是促进人的发展,让每个人的潜能都能得到发展,在提高人的素质、发展人的创造力的基础上为人类创造财富"。

正因这样,他极力反对把学生人为地分成"三六九等",主张改革陈腐的教育模式,力主废止"三好学生评选"。他强调"高校要取消等级观念,学校只有层次之分,没有等级之别"。他所有这些主张,都是为了倡导更新观念,呼吁专注用力,潜心培养好人才。

在访谈中,针对人才培养问题,顾先生从机制、环境和文化等角度做了深刻分析。他毫不留情地指出:"当前高校有两大问题,一个是行政化,一个是同质化。"

"行政化,就是官本位。升格,就是级别在作怪。求级别,说到底就是图当'更大的官'。现在学校领导整天陷于文山会海之中,脱离课堂、脱离群众,他们不了解教师在做什么,也不了解学生是不是真正在努力学习。试问,现在有几位领导能在教师中有几位知心朋友,能静下心来和教师聊聊天?"

"同质化,就是跟风,这是攀比文化在作怪。没有个性,就没有大学的特色。应用型大学、专科学校,同样能办出一流。美国达特茅斯学院最早是一所专科学校,是常青藤联盟之一,同样全美有名;我国上海立信学院,原来是一所中专学校,但培养了一大批会计人才,可谓闻名全国,堪称一流。没有特色,也不会有师生的凝心聚力,也培养不出有特色的创新人才。"

试想,当前高校能在"升格风"和"浮躁气"盛行的文化氛围里培养出创新人才吗?在采访中,笔者明显感到顾先生的忧虑。这时你就会自然明白,他不断在为转变教育观念而疾呼,对教育不合理现象进行批评的缘由了。

顾明远先生从教60多年,历任小学、中学及大学教师,以及中学校长、学院院长、大学副校长和研究生院院长等职务,可以说,顾先生经历了学校教育的各个层次。既教过书,又做过教育行政工作;既做实际工作,又从事理论研究。或许正是因为这些丰富经历,顾明远先生始终对教育问题有着敏锐的洞察力和前瞻性的思考。

顾先生不仅自己思想鼎新,而且鼓励学生大胆思考。一位研究生谈及顾先生对自己的影响时,这样写道:"他有菩萨的心肠,佛祖的胸襟,大师的眼界,先生的气度,宽容学生个性,包容晚辈奇想,使我的自由心灵得到了灌溉和滋养。"这或许是对顾先生思想和胸襟的最好概括。

民办高等教育的困境与出路
—— 对话"全国教书育人十大楷模""当代教育名家"潘懋元

专家传略

潘懋元,1920年出生于广东省汕头市,祖籍揭阳。厦门大学资深教授,博士生导师。潘先生1945年毕业于厦门大学教育系,1951年至1952年先后在中国人民大学、北京师范大学进修研究生课程。是中国高等教育学科的倡建者与奠基人之一,主编中国第一部《高等教育学》及其他高等教育学专著、丛书多部,出版10卷本的《潘懋元文集》。

潘懋元教授15岁开始从教,至今已八十余年,先后执教于小学、中学直至大学,其中担任了小学校长、中学教务主任、大学教务处长、大学校长。获得全国各级多项(次)奖励与荣誉称号,英国赫尔(Hull)大学荣誉博士学位。现任厦门大学教育研究院名誉院长、中国高等教育学会顾问、高等教育学研究会终身名誉理事长。

潘懋元教授早在20世纪50年代就敏锐地感觉到

"不能把大学生当成小学生一样来教育",倡议建立高等教育学新学科,以促进高等教育的改革与提高,培养社会主义现代化建设的专门人才。但是由于历史原因,大学教育荒废,建立高等教育学这一新学科的主张没有得到应有的响应。

党的十一届三中全会后,中国迎来了科学发展的春天,高等教育受到重视。在这种情况下,根据实际需要,潘懋元教授于1978年在《光明日报》上发表《必须开展高等教育的理论研究》的文章,再次倡议建立高等教育学学科,这一倡议立刻得到全国高等教育界的热烈关注与支持。此后,潘懋元教授开始了他事业上一个全新的阶段,他以辛勤的工作和开拓性的探索,写下了中国高等教育学科的一个个"第一":

1978年,他在厦门大学创建了中国第一个高等教育研究机构——厦门大学高等教育科学研究室,他兼任研究室主任,这个机构很快发展为一个全国性的高等教育研究的中心,1984年教育部批准该室改所并下发编制。

1979年,他和上海高教局及其他6所大学的学者召开了第一次全国高等教育研究会,筹组中国高等教育学会。

1981年,厦门大学高等教育科学研究室招收了全国第一批高等教育学专业的硕士研究生,潘懋元教授也成为中国第一位高等教育学的硕士研究生导师。

1981年,潘懋元教授组织编写中国第一部高等教育学著作——《高等教育学》。该书以"教育规律论"和"高等教育特点论"为理论基础,构建了高等教育学的知识体系,其出版标志着我国高等教育学科的正式建立。《高等教育学》编印之后,各地来信索书者络绎不绝,不少信都充满了对第一部《高等教育学》的赞誉和期待。原中共中央政治局常委、全国人大常委会委员长,时任延边大学副校长的张德江同志,20世纪80年代初在中央教育行政学院进修期间曾听了潘懋元先生的报告,并把《高等教育学》带回延边大学。他在给潘先生的一封信中这样写道:"去年十月,我在中央教育行政学院学习期间,听了您关于高等教育学的报告,大开眼界,很受启发和教育。回校后,我做了宣传,大家很感兴趣。我所带回的您主编的《高等教育学》（讨论稿），大家争相传阅，一致认为您做了开创性的工作，填补了我国高等教育学的空白，都热切地期望这部著作早日编印发行。"

1983年，在潘懋元教授的推动下，经过全国高等教育界的努力，高等教育学被国务院学位委员会确定为教育学的二级学科，厦门大学高教所也于1984年被批准为中国第一个高等教育学硕士学位授权单位。

1986年，厦门大学高等教育科学研究所又获批成为中国第一个高等教育学博士点，潘懋元亦成为中国第一位高等教育学科的博士生导师。

潘懋元教授一生著作等身，成果丰硕，先后出版10多本著作，在国内外重要报纸杂志上发表了数百篇见解精辟独到的学术论文，承担了多项国家级、省部级科研项目。1980年，潘懋元教授提出的教育内外部关系规律被认为是中国学术界对教育规律宏观体系最深刻、最全面，也是最好的概括。接着，他对迎接新的科技革命挑战、中国民办高等教育的发展、高等教育地方化、文化传统与高等教育关系、海外华文教育与弘扬中华优秀文化、高等教育向农村扩展、高等学校的社会职能、教学和课程改革、高等教育大众化等高等教育实际问题都做了深入的研究，其中许多观点和理念在中国教育界和政府决策层产生了重大影响。

他倾其一生奉献给我国的教育事业，为我国教育的研究和实践做出了巨大的贡献。他热爱教育工作、忠于教育，曾深情地说："我的理想就是当教师，当一个好老师。""我一生最为欣慰的是，我的名字排在教师的行列里。""如果再让我选择一次，我还会选择教师这个职业。"他培养的研究生现在成为知名学者、专家的近50人，已获得学位的硕士、博士百余名。先生现仍在教学、科研一线工作。

潘懋元荣获2014全国"教书育人十大楷模"称号，在是年9月9日庆祝第三十个教师节暨全国教育系统先进集体和先进个人表彰大会上，他受到中共中央总书记、国家主席、中央军委主席习近平的亲切接见。

核心观点

- "民办高校在发展过程中存在不少问题,近年来比较突出的问题是生源不足,尤其是民办高职。"

- "民办高校存在的另一个突出问题是缺乏优秀师资,尤其是中青年骨干教师。"

- "目前,民办高等教育,特别是民办高职教育,面临许多困境,有些民办高校甚至是举步维艰。"

- "要解决民办高校属性、地位、身份等政策性法律问题。针对民办高等教育发展存在的问题和困惑,我认为民办高等教育应该坚持走好第三条道路,即为民办高校的经营管理争取合理回报,让民办教育的投资走向合法回报的道路。"

- "第一,为民办高校的经营管理争取合理回报。企业家投入资金的目的是为了产生利润,获得利益。如果不允许投资者获得合理回报,他们很可能会采取很多不正当的方法获得回报。比如通过把资金转移到某个公司,用这笔资金创办教育投资公司,再利用该公司进行资金转移。与其让企业各显神通,用各种方法去获得不合理的回报,不如让教育投资走向合理回报,让企业获得应有利益。"

- "第二,让民办高等教育的投资走向合法回报的道路。我们的教育除了办培训班明显营利外，其他的大量投资应该走向合法回报的道路。"

- "另外，对民办高校的教师身份、待遇问题要研究好、解决好。我们的教师，不管是公办或是民办，是不是应该都要给予编制？是不是应该一视同仁，同工同酬？这些问题解决好了，民办高等教育才能得到健康发展。"

对话全文

党的十八届三中全会审议通过的《中共中央关于全面深化改革若干重大问题的决定》(以下简称《决定》),是党中央对全面深化改革做出的重大决策和部署,是新形势下全面深化改革的纲领性文件,为发展民办高等教育指明了制度性方向,给民办高等教育带来新的发展机遇。怎样看待当前民办高等教育面临的困境?如何按照《决定》所指出的"发挥市场在资源配置中的决定性作用"的要求来促进民办高等教育发展,研究破解制约民办高校办学瓶颈的有效措施?带着上述问题,笔者专程到厦门大学采访了我国著名教育家潘懋元先生。

民办高等教育面临的困境

作者:目前,民办高等教育,特别是民办高职教育,面临许多困境,有些民办高校甚至是举步维艰。您是高等教育研究资深专家,一向对民办高等教育特别关心和支持,做过多年的深入调查和研究,请您谈谈您的看法。

潘懋元：民办高校在发展过程中存在不少问题，近年来比较突出的问题是生源不足，尤其是民办高职。今天我们就从这个问题谈起。因为今年我国要召开高职工作会议和民办高等教育会议，希望解决当前高职院校和民办高校面临的问题。以往全国高职院校招生数量是与本科持平或多于本科的，近年来我国高职院校招生数量呈递减趋势，近几年已经比本科少了。例如，2012年高职高专招生就比本科少了60万，尤其是民办高职比民办本科少了近30万，只有民办本科的七成。所以我想从高职院校生源困难问题谈起。

从全国的形势来说，现在报名高考的人数年年下降。统计数据表明，高考报名人数最多的是2008年，达到1050万；2009年下降为1020万；2010年剩下946万，不到1000万；2011年是933万，又减了10多万；到2012年剩下915万，又少了18万。从2008年到2012年，五年之间少了135万人，也就造成了我们现在招生的生源不足问题。目前实行的招生制度是先本科、后专科，本一、本二（原来还有本三）招完后再招高职学生，公办招完再招民办，所以公办本科招生问题暂时不大，但是民办高职问题很大，有些民办高职已面临因招生不足而停办的危机。

民办高校存在的另一个突出问题是缺乏优秀师资，尤其是中青年骨干教师。在我国公办高校教师有编制，有编制便可以享受种种福利。没有编制只能去购买三险，退休后退休金也很少，两者差别显著。所以民办学校难以招到优秀教师。民办学校过去（现在也存在）的老师主要有两类：一类是已退休的教师，这类教师已享有退休福利，无后顾之忧。其实日本也是如此，日本公立学校教师60岁之后不能在公立学校任教，可以到私立学校教书直到70岁。但是现在这一部分也越来越少，因为他们有许多比较轻松的工作可做，不一定到民办高校工作。另一类是刚刚毕业的学生，他们一时找不到合适的工作，就先到民办高校，在这里提高水平、积累经验，升为讲师之后，有机会就跳槽去公办高校。中年教师留在民办高校的较少，因为他们要考虑退休后的福利问题。师资是决定教学质量的关键因素，高等教育质量最终要靠优秀师资。如果民办高校师资队伍不稳定，民办高校就很难办。尽管《民办教育促进法》从法律上规定了民办高校教师与公办高校教师享有同等权利，但由于该法对民办高校教师的任职、休职、辞职、免职、一般权利、处罚条件等方面没有具体规定，使得民办高校教师的医疗保险、住房、职称评定、养老保险等方面的问题得不到有效解决。

造成民办高校办学困境的原因

作者：面对当前民办高校招生难的问题，现在有一种观点是："民办高校招生人数下降，是人口出生率低谷造成的。"对这个问题，您是如何看的？

潘懋元：这种观点是站不住脚的，实际上是掩盖了真实的矛盾。针对生源下降问题有很多说法，包括教育主管部门负责人的报告中都提到人口生育峰谷问题，说为什么会减少135万多呢？因为我们2008年的适龄青年达到高峰，也是报考人数最多的一年。2008年是一个拐点，其后开始减少。有一个统计数字：2008年全国高等教育的适龄人口是11562万人，2009年是11441万，2010年降到了11057万，2011年又降到了10742万，到了2012年剩下10453万，五年来呈逐年下降趋势。因此人们习惯将生源不足问题归因为人口出生率下降，像日本以及中国台湾的少子化问题。如果原因的确如此，现在我国高校的确不能再发展，需要压缩、合并、停办，让那些竞争不过、招不到学生的高校关门。表面上看，出生人数逐年下降和报名人数逐年下降两者的关系好像很简单。但是由此得出的结论却是错误的，这个错误的结论认为生源下降似乎是必然的现象，无能为力。

这种观点之所以错误，在于以为适龄青年到了一定年龄都可以上大学，事实上并非所有适龄的青年都可以上大学，因为报考大学除了年龄外，还需具有高中阶段毕业的条件，包括普通高中毕业和中职毕业。但是，高中阶段的毕业生数量2008年以来却是年年增长的。

为什么年年增长呢？因为在我国高中并不属于义务教育阶段，原来的毛入学率只有60%～70%。现在中央提出要力求普及高中教育，在这种政策的引导下，高中阶段招生数量逐年增加，高中毕业生也相应增加。相关统计数字显示，高中阶段的毕业生2008年是1426万，2009年是1452万，2010年是1463万，2011年是1470万，2012年是1478万，5年来增加了近52万人。也就是说有资格报考大学的人数增加了近52万，而实际报考的人数减少了135万，两者合计187万。所以这个原因不能简单地认为是自然规律，是因为人少了而无能为力。这跟日本和中国台湾不同。日本及中国台湾的高等教育基本上已经进入普及化阶段，少子化必然影响就学率。而中国大陆高等教育的毛入学率到现在也只有35%左右，增长空间还很大。影响因素主要体现在高职收费高和家庭经济条件限制。事实上，现在不少来自农村和城市底层的人认为孩子高中毕业之后上大学没有什么好处，过去上大学可以带来地位及收入的提高，现在孩子高中毕业之后去打工，打工的工资不比高职毕业的工资低，甚至也不比本科毕业的工资低。现在有许多孩子接受义务教育之后就外出打工。现在中职学校基本实行免费政策，但有些学生中职上到一半就辍学，一年级一个班级有四五十人，到了二年级剩下三十人，到了三年级所剩无几。现在中职是免费了，毕业后上高职却是高收费。在我国，高职学生的收费比本科生还高，一般高职院校收费为7千～8千元/年，而本科院校的收费一般为高职的2/3甚至1/2，这个现象是很不合理的。世界上没有一个国家的本科、高职收费是倒置的。根据其他国家的统计数字，一般来说本科院校的收费较高，而高职院校相对较低甚至不收费。只有中国的高职收费反而比本科高，这显然不符合教育公平的原则。进高职的学生往往来自贫穷的家庭，他们考不上清华、北大，考不上本科就只能进高职，而高职院校比清华、北大等大学收费还要高，既有悖于社会公平、教育公平原则，也不符合世界通例。

为什么会出现这种情况呢？主要还是历史原因，就是1999年开始大扩招时，当年扩招人数增加了47%，增量部分主要增招了高职生。但很多高校并没有相应的预算，于是就出台了相关政策：允许高职院校高收费。理由是增招的学生原本考不上大学，由于扩招而有机会上大学，应当多交些钱。在当时条件下，作为教育经费不足的权宜之计，这可以理解。但十几年过去了，直至今日依旧如此，现在中职的全国平均就业率是95%左右，而高职的全国就业率为89%，不及中职毕业生。中职毕业生平均工资2000元左右，高职毕业生平均工资也不过是2300－2400元。对于困难家庭而言，上高职得多读三年书，少赚三年工资，多花几万元学费和生活费，毕业后的工资还不一定比中职生就业三年后高，毕业后还得面临就业问题。因此，这也是许多家长不让学生继续上大学的原因。

通过分析可知，民办高校招生难真正原因就在这里，如果弄错了原因，对策也就错了。如果认为少子化是必然的原因而无能为力，结果只能是把学校关了。如果原因是低层家长不愿意送孩子上学，就得研究怎么让这些家长愿意送孩子上学。可以从提高高职生就业率和待遇，降低高职收费标准，改变招生先本后专顺序，提高高职生社会地位等等方面入手。关于招生政策，许多省份已经实行高职与本科招生分开，允许部分高职提前招生和独立招生。实行独立招生，先本后专的关系就自动消失了，但是本科地位高，高职地位低的消极影响在相当长的时期仍旧存在。第二个原因是收费问题。中职免费、高职高收费、本科低收费的不公平现象是国家对高职投入不够造成的。国家对高职的教育财政投入，十年来虽不断地有所增加，但直到2011年，只达到普通本科的五分之一，而高职高专是高等教育的半边天。从2012年开始，国家规定，本科生的生均投入不得低于1.2万元，大多数地区早就超过这个数字。而高职院校财政投入仅为本科的一半，大体上是本科生的51%－54%，有时候略高一点，有时候低于

50%，且至今未见出台保证高职生均投入的规定。本科重视实验室，高职重视生产线，拉一条生产线不见得比建一个实验室花钱少。也就是说培养一个合格的高职生花钱并不比本科生少。正因为投入太少，高职院校现在收费就居高不下。高职高收费在当时只是权宜之计，但是要求高职低收费，高职院校就会要求政府增加财政投资，因此该政策需要重新考虑和研究。

作者：现在民办高校办学难，还涉及一个深层次问题，就是产权问题，这个问题影响着高等教育健康发展。我们很想听听您的意见。

潘懋元：民办高校当前主要的问题是产权问题。现在要把民办高等教育一分为二：一种是营利性的，一种是非营利性的。如果捐资办学就是非营利性的，就是说把钱都捐出来。如果你要获取投资回报的话，就是营利性的，营利性的高校就要按照营利性非企业单位来收税。营利性非企业单位缺乏明确规定，所以往往按照企业标准高收税，民办高校是难以承受的。这些年，民办高校主办者投入很大，有些投进去的钱多达几个亿，很多还是银行贷款、集资办校。因此前段时间我们写文章提出，中国的实际情况是很多民办高校不是捐资办学，而是靠投资办学，因此合理回报应该存在，合理回报不能算它是营利性的。它的回报率很薄，而且要较长时间才能收回。《民办教育促进法》提出"合理回报"，当时规定合理回报是有争论的，有很多人认为，教育是非营利性的，不得以营利为目的。不过现在这条突破了，可能将来说法会改，因为营利性已经存在。各种培训班多是营利性的，而且利润很高，不过不是由教育主管部门管理的，而是由工商管理部门管理的。20世纪末，《民办教育促进法》拟定时，有争论，争论的结果认为应当给予合理回报，合理回报并非营业利润，而是对出资人的奖励。《民办教育促进法》把合理回报不是写在第五章"资产与财务管理"，而是写在第七章"扶持与奖励"。如果取消合理回报，非营利性必须把投资改为捐资，否则将按民办非企业标准收税，恐怕不少民办高校难以为继。这是一个值得慎重研究的问题。

破解民办高校办学困难的对策

作者：如何破解民办高校上述困难成为目前高等教育界的重要课题。教育部正在研究制定关于进一步鼓励社会力量办学的若干意见，推进民办学校分类管理。这是促进民办高校改革和发展的一个重要契机。我们注意到，您曾经提出民办高等教育发展的"第三条道路"。请具体谈谈您在这方面的研究和设想。

潘懋元：第三条道路是在现实国情下民办高等教育繁荣发展的必由之路。它过去是，未来一个时期仍将是我国民办高校发展的主渠道。但认识上的偏差和政策上的歧视对第三条道路限制很多，这既不利于激发民办高校举办者持续办学的热情，也不利于民办高等教育吸引更多民间资本的投入。为此，《规划纲要》提出"清理并纠正对民办学校的各类歧视政策""制定完善促进民办教育发展的优惠政策"。要达到消除歧视，促进民办高校发展的目的，政府应当在几个关键问题上，解放思想，大胆创新，将"包容"和"善待"注入政策精神之中，积极开拓民办高校发展的第三条道路。

第一，为民办高校举办者取得合理回报预留政策空间。投资办学的适度营利问题，也就是取得合理回报的问题，如果得不到妥善的解决，在中国当前的现实情况下，许多投资办学的民办高校不可能持续健康发展。解决适度回报问题，其核心在于不以营利为标准来决定民办高校的属性，不否认投资办学者营利动机的正当性，对有志于走第三条道路发展民办高等教育的投资者，不采取歧视甚至堵塞的政策；应当采取疏导的办法，制定各种优惠政策，使民办高校在满足院校设置基本条件要求，确保教育教学质量的同时，有一定的办学结余。公益事业并非不能营利，也并非不许营利，"一定的营利有利于公益事业的发展"。在民办高校政策中，应当将举办者从办学结余中取得合理回报与民办高校的属性明确区分开来，民办高校的属性应当根据其办学的根本目的、办学方式及其所发挥的社会功能来确定，而不是根据举办者是否取得合理回报来确定。这样才能使民办高校的举办者既能全心全意投资办学，遵循各种标准规范，保证高等教育质量，又能免除后顾之忧，达到从办学结余中取得合理回报的投资目的。

第二，实行多元主体共治的民办高校产权制度。产权归属是一个影响民办高校政策的重要因素，在法律上和实践上都没有得到解决。第一条和第二条道路民办高校的产权归属比较明确，第三条道路民办高校的产权归属是政策上争议的焦点。传统的观点是只能有一个所有者，也就是只能在民办高校和举办者之间择其一，不能二者分别拥有。按照这一观点，第三条道路是走不通的。在现实国情下，要促进民办高校发展，必须打通第三条道路，从根本上解决民办高校产权只能归一方所有，并据此确定其属性和身份的问题。第三条道路包括了不要求回报和要求取得合理回报的民办高校。不要求回报意味着举办者可能放弃收益权，但并不放弃所有权、经营权或处置权；要求取得合理回报意味着举办者不仅保留所有权、经营权和处置权，而且还部分保留收益权。总之，第三条道路的民办高校产权及其相关问题具有高度的复杂性，需要在理论上进行更深入的研究。关于民办高校产权问题的解决，我们的基本主张是，应当根据民办高等教育发展的实际情况，对民办高校的产权实行多元主体共治的制度，举办者投资资产的所有权可以由举办者拥有，举办者也可以选择放弃拥有；政府资助形成的资产所有权可由政府国有资产管理部门代管，也可委托学校法人管理；举办者提取合理回报后的办学结余累积形成的资产由学校法人拥有，并由此形成举办者、学校法人和政府共同参与治理民办高校产权的机制，保障民办高校的正常运行和持续健康发展。

第三，赋予民办高校民办事业单位的身份。在身份认定上，第三条道路的民办高校的身份认定是一个难点。在高校的身份认定上，公办高校被确定为事业单位，第二条道路的民办高校被确定为企业单位，第一条和第三条道路的民办高校往往被认定为民办非企业单位。个别省份在改革中，为了实施分类管理，将第一条道路的民办高校认定为自收自支的民办事业单位，而对第三条道路的民办高校则认定为民办非企业单位。这一做法表面上看似有道理，实则是将要求合理回报的民办高校基本上类同于营利性民办高校。这仍然没有解决我国民办高校主渠道存续的根本问题。鉴于我国民办高校发展的现实情况，政策应当重点解决如何对第三条道路的民办高校采取优惠的问题，解决了这个问题才可能从根本上促进民办高校发展。从有利于民办高等教育事业发展出发，应当赋予第一条和第三条道路的民办高校以民办事业单位的身份，使其享有事业单位所拥有的各种权利。

第四，区分举办者与学校，使其适用不同的优惠政策。在民办高校管理中，人们常常将举办者与民办高校纠结在一起，导致难以理清关系，也就无法制定和实施更适切的政策。举办者和民办高校之间的关系是紧密的，但不能因为紧密就不加区分地同一对待。对民办高校属性和身份的认定，是针对学校法人而言的；对营利的判定是针对举办者而言的。现行的政策以举办者的营利动机作为确定民办高校属性和身份的唯一标准，是混淆了举办者和学校法人的差别。《教育规划纲要》要求"清理并纠正对民办学校的各类歧视政策"，是有道理的。在政策调整中，应当将民办高校与其举办者区分开来，对二者分别采取不同的政策，按照民办事业单位的政策，对民办高校给予优惠对待，支持民办高校的办学与发展；对举办者的办学行为给予褒奖，尊重其投资办学的意愿，在办学结余中允许其取得合理回报。与此同时，对民办高校实行严格的会计制度，确保财务运行安全，并根据产权共治制度，保障各产权主体的权益；对举办者个人所取得的合理回报，根据国家相关税收政策进行调控。当然，在政策把握上，也可以根据举办者对社会公益的贡献，给予税收优惠。这样有助于清晰地区分民办高校的权益和举办者的权利；有利于根据民办高校的功能、属性，对其进行科学合理的定位，保证其办学的正常秩序，并构建持续健康发展的体制机制；有利于举办者明确自身角色，主动调整与民办高校的关系，在民办高校的办学中维护自身的权利，同时履行公民义务。对于上述问题，我同邬大光、别敦荣、石猛等合作的《民办高等教育发展的第三条道路》和《论民办高校的公益性与营利性》已有比较详细的阐述，这里不再多说了。

作者：教育部2014年工作要点确定，将召开全国高职和民办两个高等教育会议，有专家指出："民办高等教育即将迎来第二个春天。"对此您有何期望和建议？

潘懋元：我对这两个会议期望很高，希望能够实实在在拿出实事求是的解决实际问题的措施，至少要探讨一下思路。最主要和迫切的是，高职会议要解决增加高职财政投入，保证工人农民子弟乐意上学的问题。

开高职会议的时候希望能够真正算一次账，把实际情况弄清楚，不然的话小打小闹、小改小革无法解决当前高职存在的根本危机，尤其是民办高职的危机，现在很多民办学校面临办不下去的问题。当然彻底解决是很难的，彻底解决事实上还有一个更根本的原因，就是要解决"脑体倒挂"问题。20世纪80年代就出现过"脑体倒挂"现象，造成许多大学教师、中学教师纷纷"下海"，引发了当时的"下海"热潮。那时的教师行业在全国12大行业中排行倒数第二，教师大多属于知识分子，因此当时很多教育就没有办法办好。到了90年代慢慢缓解了这个问题。但是现在新的"脑体倒挂"问题出现了，农民工的工资比大学毕业生高。请一个保姆的工资每月至少3000元，还包括吃、住，合起来4000元多。而大学毕业生却很难拿到这么高的工资。所以脑体倒挂事实上是属于分配问题——经济的分配问题、剩余价值的分配问题。这个问题不是我们教育界能够解决的问题，但至少教育界可以从一个角度考虑，即人力资本问题。人力资本告诉我们，投资教育是人的一生很重要的投资。投资越多回报越高，因为它投资得多，生产出来的价值就更高了。这就是人力资源理论的基本原理，但是从当前人力市场看，却违背了人力资本理论，投资多，回报低。

针对现实存在的问题，如何采取有效办法？比如，逐步增加对高职的投资。不一定要把本科的投资都拉到高职去，但是每年增加的高等教育投资应该更多投向高职教育中，这不是锦上添花，而是雪中送炭的事情。不要把高职看得可有可无，因为高等教育大众化的主力军是高职院校，国家生产力的发展，国家生产转型将来靠的是高职院校的毕业生。如果我们现在的年轻一代都去打工而不是上大学，那只是适应当前劳动密集型社会的生产，转型就无法实现。其他国家就有这样的例子，有些国家就是当时只顾培养低级的人才，不注重高级人才的培养，像墨西哥。墨西哥原来的生产力比我们高，但是后来转型时缺乏相应的人才。世界经济的发展，尤其是新型国家的发展，例如当年的亚洲四小龙发展得很快，主要得益于高质量的人才。培养科学家是很重要的，但是科学家毕竟只是少数的，大多要靠应用型的技术人才，尤其是高职这种扎扎实实在基层推动生产发展，推动生产转型的。如果我们没有这样的储备人才，那么从劳动密集型转为技术密集型，从粗放型生产转化为集约型生产是无法实现的。我们培养的人才不能只迁就现在的人才市场，我们还得看20年、30年之后的人才市场。所以这一次，国家教育主管部门重视，要把高职问题提出来，我觉得是一个很好的思路。

召开民办高等教育会议要解决民办高校属性、地位、身份等政策性法律问题。针对民办高等教育发展存在的问题和困惑，我认为民办高等教育应该坚持走好第三条道路，即为民办高校的经营管理争取合理回报，让民办教育的投资走向合法回报的道路。

第一，为民办高校的经营管理争取合理回报。企业家投入资金的目的是为了产生利润，获得利益。如果不允许投资者获得合理回报，他们很可能会采取很多不正当的方法获得回报。与其让他们"各显神通",用各种方法去获得不合理的回报,不如让教育投资走向合理回报,让投资者获得应有利益。

第二,让民办高等教育的投资走向法律回报的道路。我们的教育除了办培训班明显营利外,其他的大量投资应该走向合法回报的道路。

另外,对民办高校的教师身份、待遇问题要研究好,解决好。我们的教师,不管是公办或是民办,是不是应该都要给予编制?是不是应该一视同仁,同工同酬?这些问题解决好了,民办高等教育才能得到健康发展。

作者札记

爱的力量

鲁迅说过:"教育是根植于爱的。"没有爱就没有教育。教育家的优秀品质表现在多个方面,但是排在第一位的应该是"爱"。这是我采访潘懋元先生后留下的深刻印象。

2014年春节刚过,我以《山东高等教育》"专家访谈"主持人的名义,和中国教育报厦门记者站的熊杰,在潘先生的博士生陈斌的陪同下走进了先生的家。

潘老家里陈设简单,客厅的左面墙前放置一排书柜,里面摆满图书,右面则是沙发和简单的茶几。客厅一角堆放着一摞小塑料凳,这些凳子是专门给学生准备的。

据介绍,一到周末,客厅便成为"学术沙龙"的举办地,学生们坐在沙发上或是小凳子上,挤满客厅,将这里变成了教室。大家互相交谈、互看论文、吃水果、喝水,十分随意,并没有因为主人是学术权威而拘谨。

每次学术沙龙,潘懋元总会坐在离门最远的沙发上。开始前,学生们会排队上前讨教,有的向他汇报作业,有的推荐自己看的新书，有的向他征求论文开题意见，潘懋元慢条斯理，一一回答他们的问题。

这些学生大多在30岁左右，其中有访问学者，也有在本地工作的教师，更多的是高等教育学的博士生、硕士生。在沙龙中，潘懋元的固有动作是拇指和食指分开，叉住下巴，静静地听学生发言。学生讲完，他有时会讲一些鼓励的话，但从不用自己的权威来否定学生。

潘老家里的学术沙龙，已持续举办了20余年。沙龙是漫谈式的，从学术探讨到社会动态，无所不谈。来参加沙龙，已成为研究生来厦大教育学院求学的"固定节目"，也是学院的一张"名片"。

潘老精神矍铄，笑容可掬。他跟我们交谈，思维清晰，娓娓道来，从谈话中我们不仅了解了他的教学沙龙，而且见识了他的科研风范。

在潘老家的客厅，他深入浅出列举了当前高等教育发展中存在的问题，并给出对策。而在提出问题之前，他总会列出一些数据，包括近年来全国高考报名人数、高中阶段毕业生人数、全国适龄教育人口等。而每说一项数据，他从来不看笔记本，都是脱口而出。

特别是，他用科研数字纠正了当前对高职认识的误区，给我们留下了深刻印象。譬如，近年来，高职尤其是民办高职招生难的问题，通常的观点认为是受人口出生率低谷的影响，甚至很多教育部门的领导也是持这种观点。这种观点对不对？很少有人去深入探究。

让人惊喜和敬佩的是潘先生拿出了与众不同的观点和令人信服的数据。他说："这种观点是站不住脚的，实际上是掩盖了真实的矛盾。2008年全国高等教育的适龄人口是11562万人，2009年是11441万，2010年降到了11057万，2011年又降到了10742万，到了2012年剩下10453万，五年来呈逐年下降趋势。因此人们习惯将生源不足问题归因为人口出生率下降。"

他指出，表面上看，出生人数逐年下降和报名人数逐年下降两者的关系好像很简单。但是由这两者得出的结论却是错误的。因为报考大学的人数多少是由普通高中毕业生数量决定的。

紧接着，潘老流利地背出了一串数字：高中阶段的毕业生数量从2008年以来却是年年增长的，2008年是1426万、2009年是1452万、2010年是1463万、2011年是1470万、2012年是1478万，五年来增加了近52万人。

最后，潘老总结说，有资格报考大学的人数增加了近52万，而实际报考的人数减少了135万。所以，这种错误观点遮蔽了高职尤其是民办高职发展困境的原因和责任。高职尤其民办高职招生难的原因是，收费高，就业难。这就要求政府增加对高职的投入，减轻高职学生家庭负担，增强高职院校设施建设，提高学生质量。因此现行政策需要重新考虑和研究。他感叹道："高职生值得关爱啊！"

我想，一位耄耋老人，何以精神如此抖擞，热情如此饱满？完全源于他对学生和事业的挚爱。这就是通常人们说的爱的力量。

改革是高等教育事业发展的动力
——对话教育部原副部长周远清

专家传略

周远清，1939年5月出生，湖南省桂东县人。中共党员，硕士研究生学历，教授。曾任全国政协委员、中国高等教育学会会长、国务院学位委员会第五届委员会委员、中华职业教育社副理事长。

他1956年衡阳市一中高中毕业，考入清华大学，读了6年本科，3年研究生。9年的刻苦学习，为后来的事业奠定了坚实的基础。

"文革"中，曾去江西"五七干校"劳动一年，被分配到鄱阳湖鲤鱼洲的一个农场去当连长。之后，一直在清华大学从事教学与管理工作。在日本留学两年，学习"人工智能"专业。学成后回到清华，在一个有关"智能技术与系统"的国家重点实验室任主任。较早地讲授有关微机的课程，著有《智能机器人》一书。

在清华大学工作期间，他历任教研组副主任、主任、副系主任、系主任、副教务长、教务长、副校长等职务。

1992年他调国家教委任高教司司长，不久后提任国家教委专职委员。1995年底任国家教委副主任，1998年国家教委改为教育部后，改任教育部副部长、部党组成员，分管高等教育工作。

他较早提出要加强大学生文化素质教育，他强调："作为一个社会主义国家，在马克思主义指导下，加强文化素质教育，更应该成为我们面向21世纪改革高等教育的一个重要思考。"早在1994年，他就提出了"三注重"，即注重素质教育，注重创新能力的培养，注重个性发展；后来，他认为应特别着眼于"三提高"，即提高大学生的文化素质，提高广大教师的文化素质，提高大学自身的文化品位。从"三注重"到"三提高"，是他对高教改革的一个重要贡献。

面对国际科学技术迅猛发展和国内改革开放日益深化的新形势，中国高等教育要发展、要改革、要开放、要提高，众多迫切任务摆在面前，如何确立它们之间的关系和位置，事关中国高等教育的全局，是一个战略性的问题。对此,他提出"高等教育发展的动力在改革,关键是体制改革",高教体制改革既要"适应和促进社会主义市场经济的建立和完善",又要"符合自身发展规律"。

中国高等教育体制改革包括办学(举办)体制改革、投资体制改革、管理体制改革、招生和毕业生就业制度改革、高校内部管理体制改革等。他提出,在高教体制改革的众多使命中,管理体制改革是高教体制改革的重点和难点。

关于如何突破这个重点和难点,他提出,从"共建共管,观念转变"入手,遵循"淡化单一的隶属关系,加强地方政府的统筹,变条块分割为条块结合,努力为地方和区域经济发展服务"的方向,实现高教管理体制改革突破。

为了全面发挥高教管理体制改革的功能,他提出"高教管理体制改革和布局结构调整"有机结合,通过改革既要理顺体制关系,又要形成"合理的高等教育结构体系"的思想。

高教体制改革不是孤立的，它离不开外部的推动力和内部的合力。就"合力"而言，能否形成合力，形成哪些方面的合力，将直接影响整个高等教育改革的深度、广度和成效。对此，他提出，要形成三个方面的合力，教育体制改革、教学改革、教育思想观念改革，犹如三个乐章，构成了整个高等教育改革的协奏曲，其中体制改革是关键、教学改革是核心、教育思想和教育观念改革是先导。

今天，当我们回溯这一段不平凡历程的时候，可以清楚地看到，实践已经有力地证明他上述一系列思想观念创新对中国高教改革和发展所做出的贡献。

核心观点

- "说体制改革是关键,也就是要改革长期以来在高度计划经济体制下形成的高等教育的体制和机制。那么,我国高等教育的体制到底有什么毛病呢?又有哪些不适应建立和完善社会主义市场经济体制要求的东西呢?当时,我们将高度计划经济体制对高等教育的影响总结归纳为一句话,即'一包二统'。'一包'就是一切由国家包下来;'二统'就是一切由政府统起来。这是高等教育体制上最突出的两个问题。"

- "在高等教育体制改革问题上,我们当时就确定高等教育办学体制、宏观管理体制、经费筹措体制、招生就业体制、内部管理体制五方面的改革。这五大体制改革,使中国高等教育的体制基本上适应了社会主义市场经济体制的要求。只要社会主义市场经济体制不走回头路,中国高等教育的体制改革就绝对没法否定,这就是我的结论。"

- "在跨世纪的时候,我们很想借这个时机组建一批学科更加综合的大学。应该说,我们是抓住了跨世纪体制改革的关键时期,组建了一批学科更加综合的大学。当时的口号,可能很多人都不知道:'要使有条件的学校科类更加综合一点儿。'这就是当时我们要搞合并改革的起因。我们搞合并,主要是解决学校里学科更为综合的问题。通过合并,我们也确实组建了一批综合实力更强的学校。"

- "如果不很好地把人文教育和科学教育融合起来,中国教育的发展、社会的发展都要受到很大影响,特别是人才的培养。世界上很多的教育家或教育专家都说过类似的一句话,就是科学的成果到了一定程度,如果想要再提高一个水平,往往是一个人文的过程。我非常同意。"

- "教育的综合质量是提高还是下降了,在短时间内是不好衡量的。我说,应该总结和分析一下,现在妨碍教育质量提高的问题有哪些,然后,我们再针对这些问题进行改革。当时,通过调查研究,我们提出了六个问题:第一,专业设置过窄;第二,教学内容偏旧;第三,人才培养模式单一;第四,外语水平偏低;第五,教学方法偏死;第六,人文教育过弱。"

- "我说过,不重视教育思想研究的校长,就不是一个成熟的校长。我也说过,你们学校里有几百个专业,什么都研究,就是不研究学校自身。你们学校里什么学科都有,什么博士点、硕士点都有,但是,就是没有高等教育的博士点、硕士点,而且,你们还不着急。没有很强的高等教育研究就不可能建成现代化的高校,这是我的一种信念。"

对话全文

> 目前，我国高等教育改革发展已经站在一个新的历史起点上。如何认真总结改革开放30多年来高等教育改革发展的经验，展望未来，抢抓机遇，不断开创高等教育改革发展新局面，为建设高等教育强国做出积极贡献？笔者带着这些问题采访了国家教育部原副部长、中国高等教育学会原会长周远清教授。

高等教育翻天覆地的变化得益于改革

作者：您是1992年从清华大学副校长的岗位调任国家教委高等教育司司长的。两年多后，又升任国家教委副主任，主管高等教育工作。2000年从教育部副部长岗位上退下来以后，您又担任中国高等教育学会会长。在回顾我国高等教育改革开放35年后的今天，特请您以一个参与者、见证者的身份，谈谈这些年来我国高等教育改革与发展的情况。

周远清：20世纪90年代是我国高等教育发生翻天覆地变化的时代，

我赶上了这个时代，而且我是一个参与者和见证者。另外，我在高教战线工作的时间比较长。所以，非常高兴能与你共同回顾这一段我国高等教育改革与发展的历程。

我习惯于把中国高等教育的改革发展分成两个阶段，即跨世纪的改革和新世纪的改革。第一个阶段是跨世纪的改革，主要指改革开放以后，2000年以前这段时间的改革。应该说改革开放以后，中国高等教育改革是从1985年开始的，标志是1985年中共中央国务院颁发了《中国教育体制改革的决定》。真正的改革应当是1990年以后，特别是1992年全国第四次教育工作会议以后，《中国教育改革与发展纲要》出台，高等教育改革进入了新阶段。

2000年以后的改革，我习惯称之为新世纪的改革，这个改革的一个标志就是中央制定了一个《国家中长期教育改革和发展规划纲要》，这个规划纲要的制定花了很多时间，现在是正在贯彻这个规划纲要，我把它理解为新世纪的改革和发展，现在正在进行中。整个跨世纪和新世纪的改革我用三个词来概括，就是大改革、大发展和大提高。大改革意思就不是一个小改革，也不是一个中改革。发展是大发展，不是一个中发展，更不是小发展。大提高，现在正在大提高，不是一个小提高，所以我用了三个"大"字。

中国高等教育经过了一个大的改革，现在正在深化改革。中国的高等教育应该说有了一个翻天覆地的变化，这句话李岚清同志也多次讲过，他说中国的高等教育正在发生翻天覆地的变化。我想也确实是，大家想想，自从1990年以后，中国的高等教育的确发生了翻天覆地的变化。

关于高等教育的改革，我曾经用几句话概括。一是体制改革是关键。二是教学改革是核心。我曾经用很多话来说教学改革，我今天要实事求是地说，这一条"教学改革是核心"并不是所有的学校都把它放在核心的位置上。三是我深感我们的改革，特别是教育思想观念的改革是一个先导，这是第三句话。在改革的过程中，我们会慢慢地体会到，当年跨世纪的改革过程当中，有一些学校由于深化改革，由于进行了各方面的改革，遇到了很多问题，感觉教育思想不统一，使改革很难进行。有一年，在100名校长的会议上我曾经讲过，一场教育思想观念的大讨论在我国悄然掀起。当年南京大学、清华大学进行了一次很大的讨论，最近这两年南京大学又进行了第二次讨论，并且那一次的大讨论形成了校长的第一次大串联。我到南京大学、清华大学去了解过教育思想讨论的情况，清华大学研究生、本科生和教师都参加了这次讨论，清华大学的学生提出来，说我们是各个中学来的优秀学生（这个确实是，清华大学的学生绝大部分是各个中学的尖子学生），到清华大学后，学校把我们培养成一个样了。这件事情对我的触动非常大，一直到现在还记忆犹新。

中国的高等教育把所有的学生都培养成一个样，这应该不是我们教育成功的地方。所以清华大学和南京大学当时的教学讨论在全国引起了很大的反响。教育思想观念的改革，后来我把它归纳成一句话，教育思想观念的改革是先导。

我为什么讲这三句话呢，我觉得这三句话对当前一些地方还有指导性。体制改革是关键，很多体制的问题不解决的话，整个教育的改革发展很难推进。

教学改革是核心，现在教学改革提的也少了，这是我担忧的地方。教育思想观念的改革是先导，教育思想确实是非常重要的。

体制的改革，我们曾经把它归结为五个体制，即办学体制、管理体制、招生就业体制、经费筹措的体制、学校内部的管理体制，现在我讲很多改革也都可以归纳到这里面。十八届三中全会要进行综合的体制改革，我觉得这个也很重要。五大体制改革今天我不讲了，过去我讲了很多了。我讲过去没怎么讲过的改革。过去为什么没有仔细讲呢？有一些东西还看不大清楚。

作者：那就请您讲讲过去您没怎么讲过的体制，比如说在改革中经费、合校等方面的具体情况。

周远清：我第一个要说的就是缴费的改革。我们花很大的工夫进行了一次缴费的改革，这个改革对于大家来说，并不是一件很难的事情，但是对于决策者来说这是很难的事情。过去我们是由党培养，由国家培养，上大学基本上都是这样说。像我就是，我上大学家里一分钱都没有拿，包括我从家里到清华大学的路费都是我到中学去申请的，完全是党的培育。

高等教育要发展，学校的经费很困难。我记得我第一次到教育部去参加一个党建会，这个党建会书记们提出的第一个问题，就是反映学校经费相当困难。我当时还说，你们党委书记开会怎么也谈经费呢？确实在当年高等教育的改革发展中经费是最大的制约因素。如何解决？要靠国家大幅度的投入不可能。所以就要研究学生缴费。我们有很大的思想斗争，特别是对于贫困生出身的我，我们都是党培养的，过去国家完全供给，现在要缴费，怎么收费呢！后来逐渐地想通了，那就是两条，即"理论上站得住，实践上有可能"，所以大胆地进行了一次缴费改革，这个改革是很难的一次改革。第一条"理论上站得住"，什么意思？高等教育是非义务教育阶段，可以收费，我说的是可以收费，也有一些国家不收费，像英国过去不收费。有的国家像德国过去不收费，后来想收费很难，几年都没有办成，但是高等教育毕竟是非义务教育，从理论上来说是可以收费的。这就叫"理论上站得住"。大家可以回忆一下，当年我们这个改革大体进行到一个阶段的时候，一些媒体质问我们，说你们学校是乱收费、高收费。当时压力也很大，收费改革的时候他们不说话，收完了以后他出来说，你们高收费、乱收费。但是有一条不敢说，高等教育可以收费他不敢说。媒体不敢说，原因就是这个世界上各个国家高等教育都是非义务教育阶段，是可以收费的。

第二条是"实践上有可能"。随着我国人民生活水平逐步提高，有一部分学生可以承担一部分上学的费用。理论上站得住，实践上有可能，所以我们就进行了一次缴费的改革。今天大家想想，当年如果没有缴费的改革，我们高等学校要继续发展下去是很难的，所以这是一个非常重要的大改革，这是一点。

第二点，我要说说院校合并。为什么要合并院校？中国的高等教育在1952年进行了一次院系大调整，把一些综合性的大学都分解成科类，与别的学校的相同学科组成了单科性院校，大部分都是独立学院，使我们中国大学基本上都变成科类单一的学校。清华大学是工科大学，北京大学是文理大学，北京农业大学是农业大学，医科大学是医学，体育大学是体育。当时叫独立学院，即独立设置的单科性的学院。

这件事情当时做起来有很多困难，关于这件事情怎么评价，我个人的看法是利大于弊。通过那次调整，虽然很多学校都变成单科性的学校，但是很快使中国高等教育成长起来了，形成了一个比较完整的高等教育体系。但是，它带来一个很重要的问题，中国的大学都变成单科性的大学，所以1956年一部分专家教授不同意理工分校，变成"右派"。比较综合的大学都分解成单科性的学校，这件事情今天来看，对中国高等教育的发展，对中国高等教育优秀人才的培养起到了不好的作用。所以我们想通过改革来组建一部分更加综合的大学，或叫多科性大学。

组建多科性大学的目的是什么？目的有两条：第一，培养思维更加全面的人，知识更加全面的人。大家可能也会感觉到，文理的大学，像北京大学、复旦大学、南开大学这些院校和工科的院校，清华啊、北航啊，这两类学校学生的思维方式是完全不同的。

中国要有一部分学校成为世界有名的大学，必须改变上述这种状况，培养的人思维方式要更加全面更加灵动，学科的交叉需要多种学科作为基础。所以要组建一部分更加综合的大学，这就是当初我们要合并院校的原因。中国的改革要组建一批更加综合的多科性大学，使学科更加综合，更好地交叉，使培养的学生在思维上更加健全。合并是很难的事情，不是很容易的事情。但是今天我可以很负责任地跟大家说，这次合并没有出现任何问题，非常平稳。

这么多年以后再来说这件事情，我们感觉到底气更加足了，这是一件很重要的事情。还有高考，高考改革很难，这次十八届三中全会把它放在非常重要的位置上，连文理不分科，中央文件上都写了。过去我们都不太敢讲，毕竟是很难的事情。当然由于它比较难，很多中学还愿意文理分科，不愿意文理不分科，当年进行过"3+X"的改革，所以很多省就搞了一个"3+文综""3+理综"。"3+综合"的意思就是有一门叫综合，这个不能偏科，文科、理科都得学，是考你的能力，不是考你的知识点。这个改革最后没有完全成功，只有一部分成功。

另外，我们进行了网上的录取。中国的不正之风很厉害，所以想出来一个办法——网上录取。即使你玩了猫腻，在网上也有记录的。经常有一些同志说，如果没有网上录取不得了，所以网上录取当时是很大的改革，这个改革也很难。

后来又搞了一个网上注册，原因就是当年文凭的发放很乱。教育部为了尽快地解决这个问题就统一发文凭。统一发文凭，学校意见比较大，经过仔细研究，又想了一个办法就是网上注册，经过网上注册的文凭，才受法律的保护，这就是现在的网上注册的改革。这个改革我觉得今天来看也是一个很大的改革。招生是很复杂的事情，我个人认为高考内容的改革应是最主要的。

教学改革我们付出了很大的努力，我记得当年，整个国家开展面向21世纪教学内容课程体系的改革，编了一千本教材，这是我们国家第一次自己编写教科书，并且进行过一次教学内容课程体系的变革。过去是900个专业，后来我们变成500个专业，第二次又进行专业的调整，变成249个专业。我曾经说过，如果我在位再来一次改革可以变成100个专业，过去我们学的苏联，专业过细。此外，当时我曾经归纳过我们教学中的几大问题，教学内容偏旧、专业设置过窄、外语水平偏低、教学方法偏死、人文教育过弱等，今天我估计还有很多问题存在。

还有，我们进行了文化素质的教育。最近习近平同志在第七次政治局学习会上，专门对教育讲了四句话，第一句话是深化教育改革，第二句话是推进素质教育，第三句话是创新教育方法，第四句话是提高教育质量。我围绕这四句话写了一篇文章，叫《推进素质教育创新教育方法》。

我觉得这四句话讲到我这个老教育工作者心坎里去了，特别是中间两句话，推进素质教育，创新教育方法。中国到了非加强素质教育不可的时候了。习近平总书记又讲了要大力加强大中小学优秀传统文化的教育；李克强总理专门找教育部，要了解过去关于大中小学优秀传统文化教育的情况。现在教育部制定了一个文件《新时期加强大中小学优秀传统文化教育的大纲》。大家想想我们公民的素质怎么样，超越道德底线的事情屡屡发生。两岁的孩子被高高举起摔死；一个小孩被前头的汽车轧死，后面的汽车继续轧上去；护士可以贩卖婴儿；校长、院士去嫖娼等等。日本富起来的时候，一些日本专家学者呼吁，"现在我们富起来了，生活水平提高了，但是人更加自私了。这样下去人就有可能变成经济动物"。"经济动物"这个词是日本的专家提出来的，我们现在想想我们国家，我们国家没有人呼吁，但是刚才我说了，超过底线，道德底线下面的事情时有发生，已经不是"经济动物"，应该说"经济野兽"了。日本地震，我们抢盐，我不知道大家听完什么感受，我是感觉非常内疚。

这样的素质水平难道不值得我们深思吗？素质低下带来很多问题，影响了我们经济社会的发展。大学素质教育跟中学的素质教育不太一样。大学不存在应试教育，也不存在由应试教育到素质教育转轨，大学的素质教育是怎么提起的呢？大家知道，原来我们很强调知识的传授，特别是1958年以前。1958年以后，随着教育的发展，就强调能力的培养，清华大学提了4个能力：获取知识的能力、分析问题和解决问题的能力、一定的组织能力、一定的创新能力。到这次跨世纪的改革过程当中，我们就在思考，究竟给学生什么，感觉有一个比知识和能力更重要的东西可以用素质来概括。所以提出了培养学生有知识、能力、素质三要素，这就是我们高等教育对素质教育的提法。

"素质"这个词在辞典里面有100多种解释,但是"素质"在我们百姓之间是一个俗成的名词,我们把它称作素质教育。当时提了4个素质,思想道德素质、文化素质、业务素质和心理素质。我们1995年选了一些大学进行试点,本来计划选30个大学,后来报名的有50多个大学,要做试点进行文化素质教育。什么叫文化素质?当时有一个说法:文史哲的基本知识,艺术的基本修养,当今中国和世界优秀的文化成果。所以我们就提出以文化素质教育作为切入点和突破口开展素质教育,优秀传统文化的教育是我们素质教育的重要组成部分。应该说这几年我们大力开展了文化素质教育,我相信习近平同志提出的要大力加强大中小学优秀传统文化教育,将会大大促进我们素质教育的开展。

改革和发展的落脚点是提高质量

作者:通过刚才您的回顾和介绍,我们深深感到这些年来的改革实属不易,我们也更加认识到"高等教育的出路在于改革。"请您再谈谈改革促进发展的情况。

周远清:现在说说"大发展"。大发展,我认为首先要提"211工程"和"985工程"。"211工程""985工程"建设使中国的高等教育水平大大提升了一步,所以我一直把"211工程""985工程"作为中国高等教育大发展的一个重要内容。现在世界上很多国家都采取重点建设少数学校,以带动整个高等教育的发展的方法,比如日本、德国、韩国、俄罗斯等。第二就是规模的大发展。大规模发展本科教育的利弊现在还有不同的争论,有不同的意见。但是,我认为,当初中国大学生很少,迫切需要发展。在这样的情况下,我们来了一个大扩招,使我国的高等教育从一个中等国或者小国变成了一个大国。可以说,这一次发展顺应了潮流,非常顺利,非常平稳。

在这里,我再多讲几句。我们1997年在校大学生是758万,到了2012年我们的毛入学率已经达到30%,在校的学生已经达到3350万,这是一个很大规模的发展。当年中央开会研究要进行扩招,我们新老部长讨论,我提了几个问题。我说质量怎么保证,教师队伍怎么办?各个地方迫切地要求扩招,大家都怕错过这个机会,有点控制不住了。所以几年以后,我国高等教育就成为世界规模最大的了。当年扩招以后,也受到各方面的压力,到现在也还有很多问题,比如教师不够,但是整体上没出问题。大家知道我们过去经济大发展以后,都要调整巩固提高,我们高等教育还在继续发展,但是发展的速度放慢了,我们及时提出了"提高"的问题。我们这几年大发展以后,中国的高等教育没出问题,还是平稳健康地发展,这一点我们很庆幸。我们这个大发展成功了,至少没有失败,我们的高等教育成了世界规模最大的高等教育。

作者:现在加强内涵发展,提高高等教育质量,已经成为当前高校面临的一个重要课题。作为基层学校,应该采取哪些措施,注意什么问题?请您谈谈您的看法和思考。

周远清:大改革、大发展以后,必须面临一个大提高。改革和发展的落脚点是提高教育质量。大家知道多年来高等教育就一句话——高等教育要提高质量。我们要怎么提高?提高办学水平,提高教学质量。所以就出来一个"大提高",中央文件每次都是讲"提高质量"。新世纪以来,《纲要》里面明确提出了三个"强国":人力资源强国、高等教育强国、教育强国,提出要建设若干所世界先进的一流大学。例如清华大学应该说是有了很大的发展。前几年我了解,清华大学有9个世界级的学科,其实我们最担心的就是学校没有世界一流学科,清华现在有9个世界级学科,是请国外的专家来评定的,不是我们国内评定,并且办了一个计算机的试点学院，这个学院培养了三届学生，他们这个班绝对是世界级的水平，他们到哈佛等学校比较过。清华、北大在建设世界一流大学上应该有很大的进展。另外，《纲要》提出要建设一批高水平的有特色的学校，其实很多学校都在瞄准世界上跟它们相近的高水平的大学在努力。所以《纲要》一个总的思想，就是对高等教育要"大提高"。但是我个人觉得这个大提高没有完全到位，它有很多的东西，特别是培养人，还需要做很大的努力。最近我曾经写过一篇文章叫《念好四本经》，我现在觉得对于培养人，对于教学还有很多学校不重视，或者是重视不够。这也包括我们的政府，很多政府或者是一部分政府并没有把培养人放在很重要的位置上。我非常担忧，所以我写过一篇文章叫《念好四本经》，哪四本经？就是多年在高校战线上工作，感觉有几件事情必须做好。

第一个，培养人是学校的根本任务。有人说你这不是废话吗，谁不知道培养人是学校的根本任务？其实不然，我认为现在有不少的学校还没有把培养人放在重要的位置，我们的政府部门也没有把这个放在很重要的位置。学校要干吗呢？根本任务是培养人，不是说要你只搞科研。

第二个，提高质量是学校永恒的主题。根本任务是培养人，永恒的主题是提高质量。

第三个，本专科是基础。这是我们多年来改革的一个经验，一个大学不是说研究生或科研是基础，而是本专科的人才培养是基础。本专科的这个时期是学生人生观、世界观形成的时候，价值观形成的时候，是他学习专业入门的时候，是他的学习方法入门的时候，是他成长的时候，最关键的时候。这个时候如果忽略了其教育就是误人子弟。多年来我们改革的经验，就是本专科是基础。

最后一个，培养人的三要素是：知识、能力、素质。培养人要给他知识，传授知识，要提高能力，更重要的是要提高他的素质。知识、能力、素质这三要素并重，就是多年来我们的教育教学改革非常重要，而且是比较成熟的经验。

努力构建中国特色的高等教育思想体系

作者：您是学者型的高等教育的资深领导，对加强高等教育宏观研究，努力构建具有中国特色的高等教育体系，做过深入的理论和实践的探索，促进了当前全国高等教育的改革发展。请您谈谈这方面的情况。

周远清：多年来我们一直在做这件事情。1993 到 1994 年我们集中了全国主要的教育专家研究了一个问题，200 多人研究了一个问题，一些有名的教育专家都参加了。研究一个什么问题呢？研究有中国特色的高等教育理论要点。从 1993 年开始，经过 5 年的研究，出来一本书称作"六十条"，大家知道中国 1961 年有一个"六十条"，那个时候毛泽东曾经说过我们终于有了自己的东西。所以那个"六十条"一直被高等教育战线所认可。我们经过民间的研究，1993 到 1997 年写出了一个包括十四个部分的"六十条"。最近几年我们大家都讨论，都认可这个"六十条"，它梳理了中国高等教育多年以来的经验，最近我们正在出一本集子，汇集一批有名的专家的文章。

这个有中国特色的高等教育理论对许多问题进行了研究，如：当年讨论中国高等教育的属性，大家知道高等教育的属性我们过去一直是这么说的——高等教育具有思想意识的属性。但是这次讨论，1993 年开始讨论，认为高等教育具有双重属性——意识形态的属性和生产力的属性，共两个属性，或者叫经济基础的属性和上层建筑的属性。这个讨论，或者是这个思想，对后来中国高等教育为整个经济社会服务起了很重要的作用，我不多说了。当时我们集中了全国的主要教育专家，有经验、有兴趣的大学校长和政府管理人员三种力量进行了一次大的研究。

第二次研究就是关于高等教育强国。多年来我们筹资了 600 万，组织全国的教育专家，大概 2000 多人参与了这个研究，分为 13 个板块，很快要出 13 本书。中国大改革、大发展以后怎么办，要建设高等教育强国。陈至立同志在 1997 年，在高等教育最后一次咨询会议上，向教育部所属学校的校长书记提出来要加快构建有中国特色的高等教育强国。陈至立同志做了很多的准备，在会议前开了很多座谈会，我也有幸参与过那些座谈会。那次咨询会有一个比较强烈的反响，特别是一些比较大的学校，很多校长纷纷写文章，要加快构建有中国特色的高等教育强国。建设高等教育强国反映了我们高等教育发展的脉络。这个研究已经从民间的学术研究到了国家的决策。《纲要》明确写上了建设高等教育强国，建设高等教育强国是高等学校今后很长时期的一个历史使命。这个研究在全国应该说起了很大的作用，在高等教育强国的研究到了一定的时候之后，现在又在酝酿一个题目叫"中国特色的高等教育思想体系"，用的词是"思想体系"，我想在这里头讲三个问题。

首先，教育思想是高等教育改革发展的灵魂。要高度重视教育思想观念的研究和改革。刚才我讲过，我比较早地在改革的进程中提出过"教育思想观念的改革是个先导"，多年以来，大家都很注意教育思想观念的改革。再往前看，我觉得教育思想观念是个灵魂，所以就必须花精力来研究教育思想，应该说高等教育改革发展，教育思想是灵魂。这是一个看法，过去我们讲是个先导，今天讲是个灵魂。

其次，高等教育的属性更多的是文化属性。刚才我讲了理论要点的研究把高等教育的属性看成上层建筑的属性和经济基础的双重属性，我觉得这一点多年以来已经被大家所认同。今天进一步研究，可不可以说高等教育的属性更多的是文化属性？从历史的长河来看，大学就是传承文化、实践文化和创新文化的一个机构。并且多年来切实传承了文化，创新了文化，实践了文化。一个国家的文化，大家想想，它是通过什么东西传承下来的呢？它是通过大学培养一代又一代的人，来传承这个国家的文化，来实践这个国家的文化，来创新这个国家的文化。

耶鲁大学的校长在我们国家参加国际大学校长论坛的时候发言，讲过一段话，我感触非常大。他说，大学是要跟一个国家的文化相适应，大学应该跟一个国家的文化相适应，也就是说不同文化的国家有不同的大学，你要适应这个国家的文化。我觉得这位老校长讲话讲得很到位，根据这两条，可不可以说大学应该有文化的属性，或者是更多地应该说是文化的属性？大家想想头几年，有很多人写文章，我们高等教育要跟国际接轨。我想了很多年，我也看过很多人写的文章，究竟怎么跟国际接轨呢？多年以后，我自己感觉到，高等教育不能跟国际接轨，原因是什么呢？原因是世界上的高等教育没有共轨。美国学习了英国、法国的高等教育，自己形成了自己的一套。欧洲的国家，包括英国、法国都有不同的高等教育，东方日本有日本的高等教育，中国有中国的高等教育。所以我不同意跟高等教育接轨这个词，我也感觉到这种说法确实有问题。世界上没有共轨，没有共轨你跟谁接轨？

说一个国家的文化要跟国际接轨，没有人提过。我不知道你们有谁看到过这种文章。大学具有更强的文化属性，如果这个命题对了，那就是各个国家都要有与自己文化相适应的，有特色的高等教育。我觉得这一点就是当前要研究有中国特色的高等教育的理论根据。

第三个，十八大明确提出中国特色社会主义道路体制制度和思想。关于文化也明确提出来要建设中国特色的文化改革发展道路，我想我们教育战线的同志们，应该去研究中国特色的高等教育。所以高教学会就定了一个题叫"中国特色高等教育的思想体系"，从思想体系研究起，来探索有中国特色的高等教育。这样就形成了理论要点，高等教育强国和思想体系三大研究内容。

作者札记

细微之处见精神

至今我仍然保存着周部长给我批改的访谈稿,那上面有周部长清秀的字迹,有些地方还较密集。在"教学改革"那部分内容中,改的较多,甚至有个别文字进行了几次修改,依稀能感到周部长推敲文字的功力。每次翻阅这个修改稿原件,我都会看到一种精神,产生一种敬仰。近80岁高龄的老人了,对工作依然那样认真,对学术依然那样一丝不苟,不能不让人敬佩。

记得是在2014年的夏初,我去拜访的周部长。周部长穿着朴素大方,一头银发一丝不乱,声音洪亮,和蔼可亲。当我递上《山东高等教育》杂志时,他就认真翻阅起来,不时还问起采编细节。看得出来,周部长很重视高等教育研究,而且总能关注到关键之处。

在访谈中,他不止一次提到对"教学改革"的情结。他略有深思,且十分真诚地说:"在清华大学多年的工作,特别是教学工作,是我终身难忘的经历。原教务长吕森同志在动员我去当教务处长时曾经说了一句话:'教学管理工作,时间长了,你会觉得很有味道。'这句话我一直记在心上,时至今日,我有时也跟别人重复这句话。"他对教学改革极其重视,情有独钟，而且颇具真知灼见。

他关于教学工作的"基本建设论""三个关系论"以及"重点目标论"都给我留下了深刻印象。他认为，教学工作的内容是搞好建设、改革、管理。学校的教学工作有四个基本建设：第一是专业建设（包括学科的建设），第二是课程建设，第三是学风建设，第四是基地建设。改革有两方面：一是积极稳妥地推行教学改革；二是坚持不懈地进行教学内容、体系和方法的改革。严格规范地实施管理，开展教学管理上等级活动。

他总结了教学工作在方法上要处理好"三个关系"：一是处理好"建"与"改"的关系，建设推动改革，改革促进建设；二是处理好"教"与"学"的关系，既抓教又抓学，通过课程建设抓"教"，通过学风建设抓"学"；三是处理好"严"与"活"的关系，在教学要求和教学管理上要严，在教学方法上和教学组织上要活。要防止两种倾向，即防止急于求成，防止搞花架子，华而不实。

他特别强调，"教学工作的总体目标要着眼于全面提高学生素质"。教学工作不要被日常繁杂的事务性工作所缠绕、所掩盖。要把自己工作的总体目标放在提高学生全面素质上，要从这样一个高度来思考和研究教学工作的问题。谈起教学改革，老部长真是兴趣盎然，滔滔不绝。让人感受到一种使命感和责任感。

谈起如何"培养人"，周部长又介绍了他的"四本经"。他说："第一个，培养人是学校的根本任务。有人说你这不是废话吗，谁不知道培养人是学校的根本任务？其实不然，我认为现在有不少的学校还没有把培养人放在重要的位置，我们的政府部门也没有把这个放在很重要的位置。学校要干吗呢？根本任务是培养人，不是说要你只搞科研。第二个，提高质量是学校永恒的主题。根本任务是培养人，永恒的主题是提高质量。第三个，本专科是基础。本专科的这个时期是学生人生观、世界观形成的时候，价值观形成的时候，是他学习专业入门的时候，是他的学习方法入门的时候，是他成长的时候，最关键的时候。这个时候如果忽略了其教育就是误人子弟。"

周部长稍微停了一下,说道:"最后一个,培养人的三要素是:知识、能力、素质。培养人要给他知识,传授知识,要提高能力,更重要的是要提高他的素质。知识、能力、素质这三要素并重,就是多年来我们的教育教学改革非常重要,而且是比较成熟的经验。"

后来,我回忆,那次周部长讲"培养人的三要素"时,为啥"停了一会儿"?他用心良苦,我想可能是在着意强调"三要素的重要"吧。他是我国较早提倡和试点推行"大学生素质教育的"。

从"管理"到"治理":
深化高教综合改革的重大课题
—— 对话中国高等教育学会原会长瞿振元

专家传略

瞿振元，男，汉族，1946年3月生，江苏启东人。1970年3月清华大学自动控制系毕业后留校任教，1970年5月加入中国共产党。1981年清华大学研究生毕业，理学硕士，中国农村政策研究中心研究员。曾任中国农业大学党委书记（副部长级）。2012年8月，当选中国高等教育学会第六届理事会会长。

他从1964年考入清华大学自动控制系读书学习，从此跟清华大学结下缘分。1970年8月至1984年9月，任清华大学教师、物理系学生组组长、系二部总支副书记，1978年4月开始攻读清华大学工程物理系研究生。从1984年9月走上教育管理工作岗位，历任清华大学党委学生部副部长、部长，清华大学研究生处副处长，清华大学研究生院院长助理，清华大学党委宣传部部长、宣传教育处处长。

20世纪90年代初期，小平南方讲话后，我国迎来改革开放新时期。1994年1月,他赴美国做访问学者,1995年回国,调入国家教委。先后担任国家教委思想政治工作司代司长、司长,教育部高校学生司司长。2002年4月到中国农业大学担任党委书记。

他于2012年当选中国高等教育学会第六届理事会会长,2013年当选高校本科教学工作评估专家委员会副主任。现任国家教育咨询委员会委员。

正是得益于这些经历,他特别善于从宏观上观察、判断和分析我国高等教育改革、发展的重点、热点、难点和发展趋势。他当选中国高等教育学会会长后,几乎每年都梳理和盘点本年高教热点问题。2015年初他在《国际视野下的2014中国高等教育热点》一文中指出,纵观世界高等教育,自20世纪80年代以来,其改革的重点之一也在于治理政策的调整,主要趋势表现为国家的管控要得法,大学的自主要适度,市场力量要更多引入,并且大学与社会要有更多的合作。在高等教育治理现代化进程中,世界各国高等教育治理既表现出全球同质化的一面,同时又因各国文化传统、政治体制以及经济社会发展所处的不同阶段而呈现出多样性，即所谓的"同质异形现代化"。但无论采取何种治理模式，建立政府、大学、社会相互制约、协同发展的新型关系，提升大学内部治理能力是大势所趋。这些观点和判断对我国高等教育研究起到了重要作用。

瞿教授是我国较早、较系统关注和研究高等教育治理课题的专家。他提出，在当今中国，是否有利于国家发展，是否有利于社会进步，是否有利于公民素质提升，应是判断高等教育治理现代化成功与否的价值尺度。而加快推进高等教育治理现代化，需要目标导航，需要价值引领，需要强化制度建设。他认为，推进高等教育治理现代化的进程，既是制度完善、能力提升的过程，也是精神构建、价值彰显的过程，需要先进性、科学性、人民性相统一的价值体系来进行引领。他强调，推进高等教育治理现代化，要以构建政府、社会、学校新型关系为核心，以深入推进"管办评"分离为切入点，建立系统完备、科学规范、运行有效的制度体系，形成政府宏观管理、学校自主办学、社会广泛参与的格局。

核心观点

- "加快推进高等教育治理现代化，需要目标导航，需要价值引领，需要强化制度建设。"

- "推进高等教育治理现代化的进程，既是制度完善、能力提升的过程，也是精神构建、价值彰显的过程，需要先进性、科学性、人民性相统一的价值体系来进行引领。"

- "推进高等教育治理现代化，要以构建政府、社会、学校新型关系为核心，以深入推进'管办评'分离为切入点，建立系统完备、科学规范、运行有效的制度体系，形成政府宏观管理、学校自主办学、社会广泛参与的格局。"

- "与过去管理理念不同，治理理念突出强调多元共治、合作共赢，这是治理理念最基本的要求。因此，今天政府做什么？学校有什么权力？社会有什么权力？这个权力结构必须重新设计。因此，在这个意义上说，改革教育的权力结构、建设新的权力结构应是当前的首要任务。"

- "从政府来说，简政放权是第一位的，必须首先要做的。从这个意义上来说，政府是这场改革的起点，必须从政府简政放权开始，才有可能使学校拥有更多自主权，才可能有社会各个方面参与的权力。"

- "政府对高等教育治理应实现三个'转向'：一是在工作理念上实

现从以管理为中心转向以服务为中心。二是在工作方式上实现由单纯的行政管理转向综合运用法律、规划、政策、公共财政、信息服务等积极引导和支持学校发展。三是调整行政行为空间，政府简政放权，给高校更大自主权，激发基层活力。"

- "应该说，进一步扩大办学自主权，提高高校内部治理能力是改革的基本方向。这里有一个很重要的问题，就是让学校真正成为独立的事业法人单位，行使大学自主权。"

- "办学就是自主办学，自己根据学校的自身力量、学校的区位等来定位，然后专家审核，看你做得行不行。评估也是对学校的指导帮助，让学校办得更好。社会广泛参与，途径、形式也很多，这些方面也需要进一步探索。"

- "总之，我们需要建设的高等教育治理体系，应该是政府、学校、社会都动起来，各负其责，各归其位，只有这样才能使我们整个高等教育发展更加科学、健康和可持续。"

对话全文

《中共中央关于全面深化改革若干重大问题的决定》（以下简称《决定》）提出，"全面深化改革的总目标是完善和发展中国特色社会主义制度，推进国家治理体系和治理能力现代化"。这一总目标对高等教育改革提出了哪些要求？如何构建政府、学校和社会之间的新型关系？怎样积极推进"管办评"分离，进一步提升高校治理能力？围绕这些问题，笔者采访了中国高等教育学会会长瞿振元教授。

"提出'完善和发展中国特色社会主义制度，推进国家治理体系和治理能力现代化'，这是顺应我国现代化建设总进程的现实需要，也是重要的思想解放，为在新的历史起点上全面深化高教改革指明了方向。"

作者：《决定》把"完善和发展中国特色社会主义制度，推进国家治理体系和治理能力现代化"作为全面深化改革的总目标，这对高等教育改革提出了哪些要求？

瞿振元：《决定》明确提出，全面深化改革的总目标是完善和发展中国特色社会主义制度，推进国家治理体系和治理能力现代化。这是国家改革的总目标，也是各领域改革的总要求。高等教育作为全面深化改革的重要领域，一切改革的举措，都应该自觉围绕、聚焦这一总目标，改革不忘总目标，具体工作不忘总目标，不能各自为政、分散用力。说得具体一些，就是要紧紧围绕高等教育治理体系建设和高等教育治理能力的提高，深化高等教育领域综合改革；通过深化高等教育领域综合改革，实现高等教育事业科学发展，质量不断提高。

当前，我国改革任务艰巨而繁重。2014年2月7日，国家主席习近平在俄罗斯索契接受俄罗斯电视台专访时指出，中共十八届三中全会就全面深化改革做出了总体部署，提出了改革的路线图和时间表，涉及15个领域、330多项较大的改革举措。中国改革经过30多年，已进入深水区，好吃的肉都吃掉了，剩下的都是难啃的硬骨头。这就是说，我们的改革任务是极其繁重的，这个改革对中国的发展来说是极其重要的，这种"繁重和重要"的认识，应当牢牢确立在我们的思想深处，不断深化和提高。对于全面深化改革的重要性和紧迫性，国外有些媒体的评论是很刺激的，比如美国《时代周刊》讲，对中国来说，2014年是成败攸关的1年，要么做好准备，迎接下一个稳定和增长的10年，要么让2014年成为伟大的中国奇迹遭遇严重坎坷并承受地震般后果的一年。这话说得十分尖锐，让人倍感压力。也许这种尖锐的语言不完全符合实际，但还是比"温水煮青蛙"要好，让中国人感觉到可能要承受一种灾难，但只要努力做好，就能够有美好的前景。2014年过去4个月了，我们欣慰地看到我国改革发展的开局很好，我们是充满信心的。

什么是国家治理体系？习近平同志说："国家治理体系是党领导下管理国家事务的制度体系。"很短的语言，非常明确，深刻！就是强调在党领导下管理国家事务的制度体系，包括经济、政治、社会、文化、生态文明建设和党的建设等各个领域的法律法规、体制机制安排，是互相联系、相互协调的制度体系。什么叫国家治理能力？习近平同志明确地说："就是运用国家制度处理国家事务的能力，包括处理改革发展稳定、内政外交国防、治党治国治军等各方面事务的能力。"所以，我们要积极建设国家治理体系，尽快提高国家治理能力，努力推进这种体系和能力实现现代化。总书记反复强调这样的总目标，我们在做具体事务的时候，做高等教育工作的时候，一定不能忘记。只有我们记住了这个总目标，并且以这个总目标做统领，各项工作才能方向明确，精力集中，落实到位。

作者：在理解和领会改革总目标的时候，我们注意到叙述方式或者说话语体系发生了变化。过去讲"管理"，现在讲"治理"，怎样理解这种变化的重要意义和深刻内涵？

瞿振元：《决定》在阐述改革总目标的时候，叙述方式或者话语体系的确发生了变化。这和我们过去惯常的语言体系是有区别的，我们过去的语言体系是讲"管理"，现在讲"治理"。从"管理"到"治理"，这中间有没有区别？有没有变化？区别在哪里？变化又是什么？有人说没有什么区别。如果没有什么区别，我们为什么要费那么大劲讲"治理"？应该说还是有区别的。"管理"，我们比较熟悉，通常大家都能体会到这种意思：管理是运用行政的权力，通过行政的组织体系，自上而下进行操作的过程。它的特点是以行政权力为依托，一元单向的操作。在现代管理学中讲的管理，更多的是侧重于微观方面。以往我们讲"治理"确实很少。一般是在自然科学方面或者在非社会领域里用到"治理"，譬如，黄河、长江的治理。在社会领域讲"治理"的也有，比如社会综合治理，但是比较少。在古代，讲"治理"的也有，荀子在《君道》篇就用了"治理"，这在现有的文献之中，在社会领域讲治理，好像是最早的。荀子在那里面讲："明分职，序事业，材技官能，莫不治理，则公道达而私门塞矣，公义明而私事息矣。"大意是说，分清职责，理清关系，让有本事的人去做技术的活，有才能有才华的人去做官，这些都需要治理，按照治理的方法去做了，那么就能公道通达而私门闭塞，公平正义得到伸张而私事停息。将"治理"的概念更多地运用于社会领域，影响最大的是全球治理理论。这是顺应世界多极化趋势而提出的旨在对全球事务进行共同管理的理论，直白地说，这是反对美国独霸世界事务的理论。这一理论产生于20世纪90年代，在联合国成立50周年的时候，成立了28人委员会，叫作"全球治理委员会"，那时发展中国家逐步兴起，大家都想说说话，都想有声音，要求对全球事务进行共同治理。正是在这样的背景之下，"全球治理委员会"提出了"治理"的定义。"治理"就是公共的或者是私人的个人和部门管理共同事务的各种方法的总和，它既可以包括用行政法律规定的制度和规则去解决涉及共同利益的事情，这大概跟我们"管理"的理念差不多，也可以包括当事人坐在一起用"非正式"的方法来协调解决共同的利益关系。因此"治理"的内容显然包括"管理"的内容，但又比"管理"的内容更为丰富。总结起来说，"管理"比较强调一元单向的行为方式和具体的执行；"治理"强调"利益相关方"的多元性，尊重各"利益相关方"的权利。"利益相关方"的权利的作用是双向的，相互的，不是单向的，它在作用的具体方式上强调宏观性。因此治理体系建设，和我们过去讲的"加强管理"是有重要区别的。

应该说，提出"推进国家治理体系和治理能力的现代化"，顺应了我国现代化建设总进程的需要，也是重要的思想解放。我们国家发展到今天这个阶段，市场经济的发展使得我们国家的利益主体多元化，人民群众对于民主的诉求更加强烈，社会管理也在进一步发展，在这种新的社会结构下，国家管理的方式方法必须改变。习近平同志在省部级主要领导干部研讨班上强调"三个提高"：一是提高党科学执政、民主执政、依法执政的水平；二是提高国家机关的履职能力；三是提高人民群众依法处理国家事务、经济政治文化事务和自身事务的能力。明确提出了处理"自身事务能力"这个概念。进一步要求我们党、政府、社会处理整个国家社会事务制度化、规范化和程序化。所有这些都表现出我们确实呼唤在治国理政理念上要有一种新的思想解放。这个思想解放的影响是巨大的。有人说，实现国家治理体系和治理能力现代化，可能是习近平对中国社会做出的最重要的贡献之一，可能使中国共产党从一个过去搞革命的党变成一个在理性、公平、法治道路上管理社会的真正意义上的执政党，也可能是中国社会从传统社会转入成熟的现代社会的转折性事件。这些说法不能说没有道理。

实现国家现代化，教育要率先现代化。实现教育现代化，教育治理要率先现代化。我们要在总目标的统领下，积极建设高等教育治理体系和实现高等教育治理能力的现代化。

作者：您能否结合高等教育面临的新形势，具体谈谈为什么要提出构建中国特色高等教育治理体系和实现高等教育治理现代化？

瞿振元：我们的教育特别是高等教育，要不要建立治理体系和实现现代化呢？答案应该是肯定的。毫无疑问，教育是国家事业中的重要组成部分，当然应该按照国家的总要求来实现教育特别是高等教育治理体系和治理能力达到现代化的水平。此外，我们还应该看到，无论高等教育外部环境发生的变化，还是高等教育自身的发展，都对治理体系和治理能力现代化提出了迫切要求。

从国际的角度来说，国际教育管理的总趋势，就是实现教育治理现代化。尽管各个国家的管理体系的差别相当大，美国更自由放任一些，法国管控得相对集中，还有不少中间状态的国家，但是无论是自由放任还是高度集中都有一个总的走向，就是从两边向中间靠拢。总的趋势是，减少国家对教育的管控，增强高等学校的自主权，引入市场的力量，让社会和学校之间有更多的合作。当然，并不是说国外这么做我们也就这么做，更重要的还是要从高等教育自身所处的内外部条件来判断是不是应该建立治理体系，实现治理能力的现代化。我们从计划经济走来，过去管理学校很严，以至于有人极端地把当前体制叫作"教育部大学"。那么，从这个体制走来，站到今天的条件下，我们高等教育自身的内外部条件是否需要建立治理体系呢？这就需要仔细地分析一下我们高等教育的内外部条件。

按照2013年的统计数据，全国高等学校是2491所，其中本科院校是1170所，高职院校1321所，高等教育的毛入学率已经到了34.5%。应该说我们现在整个高等教育的发展水平跟过去比是无法想象的，跟世界比我们也相当好。但是，我们在讲这些数字的时候，还要认识到，由于数量的增加带来管理的复杂性，过去一所学校一般是三四千人，达到万人的大学就是"大大学"，现在往往是几万人的大学，管理难度和复杂性大大增加。高等教育规模扩大以后，老百姓对高等学校也并不像过去那样感觉神秘。过去在校生是几十万、几百万计，现在一说就是三千三百万大学生，多少个家长、多少个家庭都在关注着大学，都在议论着大学。所以，现在大家感觉社会对高等教育议论很多，批评很多。这有教育自身的问题，也有批评者本身的观念问题，但很重要的是，接触和了解教育的人多了，大学的利益相关者多了，批评的人就多了，大家都可以评头论足了。我们过去说过教育决策是很难的，教育决策往往是在议论纷纷中进行的，是在不断的争论中决策的，事情做完了，争论也就停息了。做教育决策的人要适应这种环境，这就是治理体系中的舆论环境，你要听得进各种不同的声音，要兼顾各方利益。

高等教育内部管理的复杂性在增加的同时，高等教育与外部的联系也在增强。高等学校的科学研究、社会服务职能都使高校与社会发生着日益密切的联系。有人说，高等教育已经从社会的边缘走到社会舞台的中央，担任着日益重要的角色。在这种情况下，用简单的管理理念来管理高等学校，管理高等教育，包括高等学校内部的管理，那显然是落后了。我们高等教育必须考虑治理体系和治理能力的现代化问题，建设有中国特色的高等教育治理体系。建设这个体系应从何入手呢？我想应该按照十八届三中全会对教育的要求做起。因为十八届三中全会决定讲的就是总目标"治理体系和治理能力的现代化",相应在教育方面有什么具体的要求呢?三中全会"决定"20000多字的文件,700多字讲教育,给教育的篇幅不小。讲的要求主要是四个方面:第一个方面是坚持以立德树人为根本任务,改革育人模式;第二个方面是围绕教育公平,采取多种措施,尽量缩小各个阶层之间、各个地域之间的过大差距;第三个方面是改革招生考试制度,其目的是使教育结构进一步优化,成才路径进一步多样和顺畅;第四个方面是深入推进"管办评"分离,改革教育的管理体制。可以说,十八届三中全会确实是给教育提出了许多要求,指明了教育改革发展的方向。从治理体系建设的角度看,直接相关的是第四个方面,即"深入推进'管办评'分离",其他三个方面还不能说是治理体系建设本身的内容。对于"管办评"分离,在2011年的规划纲要中还只是说"促进'管办评'分离",到三中全会就是"深入推进'管办评'分离",一个是"促进",一个是"深入推进",这说明我们对"管办评"分离的认识又前进了一大步。因此,我们可以说,从三中全会决定的内容看,深入推进"管办评"分离是建设高等教育治理体系和实现治理能力现代化的切入点和突破口。

治理现代化的重要体现是政府要简政放权,给高校更大自主权,以激发高校的办学活力。在这个治理理念下,我们的政府、学校和社会各应该怎么做?做什么?

作者:按照治理现代化的内涵,就是要构建政府、学校和社会之间的新型关系,这个新型关系应该是怎样的?具体权责应该如何明晰?

瞿振元:与过去管理理念不同,治理理念突出强调多元共治、合作共赢,这是治理理念最基本的要求。因此,今天政府做什么?学校有什么权力?社会有什么权力?这个权力结构必须重新设计。因此,在这个意义上说，改革教育的权力结构、建设新的权力结构应是当前的首要任务。从政府角度来说，简政放权是第一位的、必须首先要做的。从这个意义上来说，政府是这场改革的起点，必须从政府简政放权开始，才有可能使学校拥有更多自主权，才可能有社会各个方面参与的权力。倘若仍然像过去那样把所有权力攥在政府手里，那这场改革就无从谈起。这场改革的起点是政府，继续往前推进的主导力量仍然是政府，在这一理念的推动下，必须迈出简政放权这一步。新一届政府特别强调政府要有"权力清单"，李克强总理强调，对市场主体，是"法无禁止即可为"；而对政府，则是"法无授权不可为"。列出"权力清单"，没有赋予你权力你就不能做，这就是在治理理念下对政府的基本要求。也必须转变观念，由无限权力的政府变成有限权力的政府，变成负责任的政府、服务的政府、依法办事的政府。

我前不久曾经在一篇文章中提出，政府对高等教育治理应实现三个"转向"：一是在工作理念上实现从以管理为中心转向以服务为中心。各级教育行政主管部门首先应该改变长期以来所形成的"管"字当头的思维方式和工作模式，树立公共服务的意识与理念，将"为高校服务"落实到政府的各项工作之中。政府与高校之间不仅有自上而下的指令性控制关系，还要有平等协商式关系。二是在工作方式上实现由单纯的行政管理转向综合运用法律、规划、政策、公共财政、信息服务等积极引导和支持学校发展。在运用政策和运用法律的关系处理上，更要善于运用法律进行管理。三是调整行政行为空间，政府简政放权，给高校更大自主权，激发基层活力。

在政府简政放权方面，我认为一是中央政府要向地方政府放权，二是政府要向高校放权。我们现在实行"中央和地方两级管理，以地方政府为主的体制"。"两级管理，三级办学"的体制要进一步完善，办学还要向基层延伸。同时，政府要向高校放权，在这一点上，省市的层面上的问题更为突出。省市相关部门的权力太大，无论在进人指标、干部任用、经费管理、项目审批等方面，都要逐步切实进行放权。

需要注意的是，放权的主要对象是高校，而不是由另外的某些社会组织来直接承接政府转移的职能，从而让它们成为"第二政府"。同时，政府还要下决心克服立项过多、审批过多的弊端，真正成为责任政府、法治政府、服务政府。

作者：治理现代化还有一个重要任务，就是提升高校治理能力，在"外接内治"过程中处理好多方面的关系。那么，治理理念赋予了学校哪些新任务？高校如何承担起自主办学的新使命？

瞿振元：高校是政府放权的主要对象，要让高校真正享有独立事业法人组织的各项应有权利。改革开放以来，我国高等学校的办学自主权逐步扩大，已经基本走出了原有的计划经济体制的传统管理模式，但仍有很多问题需要改革，一些方面已经进行的改革也还有待深化。应该说，进一步扩大办学自主权、提高高校内部治理能力是改革的基本方向。

这里有一个很重要的问题，就是让学校真正成为独立的事业法人单位，行使办学自主权。我认为这也是当前高等学校建设当中很重要、很关键的问题。高等学校的办学自主权总体上是比过去大了些，但是还是很不够。高等学校的办学自主权也有一个如何理解的问题，我觉得高等学校的办学自主权不能理解为"我学校有权，我自己想做什么就做什么"，这也是不行的。高等学校的办学自主权按照《高等教育法》第 11 条要求，就是一句简单的话，"高等学校应该面向社会，依法自主办学，民主管理"。虽然就一句话，但对学校工作来说太重要了。简言之，有三件事，一个强调面向社会，一个强调依法自主，一个强调民主管理。这三件事做好了，高等学校在治理体系中的地位和角色就真正实现了。第一要面向社会，高等学校讲自主办学，第一条就是要面向社会，一谈面向，就想到邓小平同志提出的"教育要面向现代化，面向世界，面向未来"。现在，高等教育应该面向社会，其实就是面向现代化的社会，面向世界的社会和面向未来的社会，从根本上说，学校就是面向社会。真正做到面向社会，包括要面向社会设置专业，面向社会定位，面向社会培养人才，面向社会筹集资源，包括用市场的和非市场的方式向社会筹集资源。还有，要面向社会就不能关门管理学校，如果学校是关门的，那社会怎么参与？总之，面向社会也是多方面的。依法自主，那就是说行之有据，行之有法。另外，还要实现民主管理，这也是在治理体系建设中非常关键的一个环节，内部的治理要实行民主管理。

现在高校无论是教学科研，还是社会服务都充满复杂性，有人说高等学校是智慧之都，也是新的经济实体，这是非常有道理的。像清华大学，年收入就有100多个亿，有的省的财政可能都不到100个亿。我在中国农业大学工作的时候，就曾开玩笑地说，这个学校是一个村的面积，一个乡的人口，一个县的财政（正常情况下二十几个亿），一个副省的构架。你看，从村到省都有了，所以学校的管理比较难。学校是知识分子集中、年轻人集中的地方，也有人说"高等学校是有组织的无政府机构"，有组织但不是政府那样严密的体系，铃声一打，铃声是行政的，上课的时候各个教室就开始上课，讲什么内容行政管得了吗？在这种情况下，如何按照治理体系的要求，理顺校内各种关系，包括党委、行政、学术委员会、校代会、团委、学生会、研究生会，如何把这些关系理顺，发挥它们的作用，这就是我们高等学校内部治理体系建设面临的重要任务。

需要指出的是，我们高等学校内部治理体系建设只是刚刚起步，这一点要清醒。我们的治理能力还很不够。我在学校工作过，我深知学校领导层治理一所大学的能力往往是不足的，特别是在多种矛盾交织和相当复杂的情况下，我们的治理能力是不够的。我们要十分注意加强领导班子自身建设，提高自己的素质和处理学校内部事务及外部联系各方面事务的治理能力。当然，我们强调大学自主权，同时也要把大学自主权和行政权力一样关在制度的笼子里。我们不能说行政权要关在制度的笼子里，大学自主权就不关在制度的笼子里。那像有的学校招生当中出现的问题，会时常发生的，所以一定要把高等学校的办学自主权也关在制度的笼子里。

按照治理体系的要求，社会介入教育，介入高等学校的管理，它的作用也应该更大。真正建立起"政府宏观管理、学校自主办学、社会广泛参与"的新格局。前面说"管办评"分离是切入点，但是我在这个地方要讲，"评"只是社会参与的一种形式。社会广泛参与高等教育治理的工作也很多，学校是不是应该建立理事会，吸收社会的力量，请社会的贤达一起来参加到学校的治理当中，对学校发展提出咨询、建议，努力争取资金支持等等，这些都需要进一步的努力。学校和教育行政部门一定要接受社会的监督。"评"是一个很重要的手段，包括教育教学的评价评估，这些工作还是要坚持下去，建立闭环式教育质量保障体系。关于本科教学质量评估，还是要5年一轮。从去年开始算，5年还要再评一遍，当然评的方法和过去相比会有改变，过去是所有学校一把尺子、一刀切，还有不少形式主义的东西。要克服那些不好的东西。今后可能的方案是对新升为本科的学校进行合格评估，这是政府还要介入的，但是更多的学校进行审核评估，由学校自己定目标，自己定位，评估专家根据你的定位来评估，看你现在的努力程度、采取的措施与实现自身目标的"符合度"怎样，并提出一些咨询性的意见。也就是说，办学就是自主办学，自己根据学校的自身力量、学校的区位等来定位，然后专家审核，看你做得行不行。评估是对学校的指导帮助，让学校办得更好。社会参与广泛，途径、形式也很多，这些方面也需要进一步探索。总之，我们需要建设的高等教育治理体系，应该是政府、学校、社会都动起来，各负其责，各归其位，只有这样才能使我们整个高等教育发展更加科学、健康和可持续。

作者札记

对话稿被《新华文摘》全文转载

2014年的初夏,全国重大课题"高等教育强国战略研究"在浙江金华召开,那时我负责《山东高等教育》的约稿工作,有幸参加了会议。

在会上,我见到了中国高等教育学会会长瞿振远。瞿会长平易近人,当听到我向他约稿时愉快地答应了,只是说时间拿不准,可能要等忙完这段手头工作。

这一等便到了暑假。当时《山东高等教育》正争创核心期刊,亟须一批重量级人物的稿件和他们的观点。于是,我想到了先给瞿会长写一个访谈。

写完访谈提纲不久,听说瞿会长要在国家教育行政学院做关于"高校治理"的报告,我便坐上了通向北京的高铁。同去的还有济南大学高等教育研究院的李福才、张继明和王玲。

到了会场,我们把带去的《山东高等教育》样刊发下去后,便在前排找到一个座位坐下。主席台上正在做报告的瞿会长,看到我后微笑着向我示意,这让我很温暖。我认真地做着记录,为了保证万无一失还让王玲做了录音。

瞿会长报告结束，往下走的时候，我迎了过去。在握手的时候，我告诉他："我想根据今天您报告的重点内容，写成一个关于高校治理方面的访谈。""可以，这样可能快一点。"瞿会长非常支持。

访谈稿做得异常顺利。我把稿件发给瞿会长的第二个晚上，就接到了瞿会长的电话。尤其让我感动的是，他把电话亲自打到我的家里。他极其和蔼，鼓励和肯定的话说了好多，以至于我都有点儿受宠若惊。最后，他才指出了几个需要具体更正的地方。

令人高兴的是，这篇以《从"管理"到"治理"：深化高教综合改革的重大课题》为名的访谈，在《山东高等教育》刊发后，很快就被《新华文摘》全文转载。

现在看来，这篇访谈之所以产生较大影响，主要是因为它集中阐述了在新形势下"如何构建政府、学校和社会之间的新型关系，怎样积极推进'管办评'分离，进一步提升高校治理能力"等一系列人们高度关注的重大问题。

寻找高校师德建设的新思路与视角

——对话中央教科所原所长、"当代教育名家"朱小蔓

专家传略

朱小蔓，女，1947年出生，1973年在安徽师范大学中文系毕业，1988年在东南大学哲学与科学系获哲学硕士学位，1992年在南京师范大学教育系获教育学博士学位。1992年至1993年在莫斯科大学哲学系做访问学者，师从苏联伦理学教学委员会主任、莫斯科大学哲学系伦理学教研室主任阿·依·吉塔连柯教授，专攻道德哲学。

朱小蔓教授在大学和科研单位从事教学、研究及管理工作数十年。期间曾任安徽师范大学中文系助教、安徽师范大学团委副书记、党委宣传组组长；南京铁道医学院团委书记、党委宣传部副部长、马列主义教研室副主任、德育教研室副班主任、政教处负责人；南京师范大学教科所所长、教育科学学院院长、南京师范大学副校长；中央教育科学研究所所长兼党委书记、全国教育科学规划领导小组办公室主任、国家督学，兼任中国德育杂志社社长、教授、博士生导师。现任联合国教科文国际农村教育研究和培训中心主任、中国陶行知研究会会长。

朱小蔓教授主要研究方向为教育哲学、道德教育哲学、情绪情感发展与教育、教师教育。主持国家级、省部级课题以及中外合作项目数十项。主要有《社会转型时期道德学习研究》《义务教育"新三片"均衡发展研究》《基础教育阶段现代学校制度研究》等专著，参与并合作主持教育部"素质教育系统调研""教育公平问题研究""农民工子女教育问题研究"等项目，与俄罗斯教育科学院合作主持"20～21世纪之交中俄教育比较研究"，研究成果已分别出中、俄文版。合作专著、合著和主编二十余部学术著作，发表论文百余篇（包括英文、俄文、日文）。专著《情感教育论纲》获江苏省第四届哲学社会科学优秀成果二等奖，对话性著作《教育的问题与挑战——思想的回应》获中国教育图书二等奖、教育部人文社会科学优秀成果二等奖，主持的项目"小学素质教育模式理论研究"获教育部师范改革项目一等奖。

朱小蔓教授专著《儿童情感发展与教育》（与梅仲荪合作，1998年）和论文《情感教育的意识与机制》（独立，1997年）分别获江苏省人文社会科学优秀成果一等奖。主编《独生子女家庭素质教育》丛书（1997年）获江苏省政府"五个一工程奖"。1992年以来，主持"教育过程中的非智力因素研究""德育过程中的非理性因素""小学素质教育模式理论研究""中学情感性素质教育的理论与实践"等多项国家级、省部级重点项目，发表论文130篇、个人专著和主编专著20余部。

1995年以来，朱小蔓教授担任博士生导师，为博士生开设《教育哲学专题研究》《道德与道德教育哲学》《情绪情感发展与教育》《教育实践的哲学思考》《教育研究方法》等课程。2001年以来，指导博士后研究人员。迄今共独立指导硕士生5人、博士生18人、博士后9人、国内访问学者9人。

朱小蔓教授与日本福冈县立大学合作，作为中方主持人主持日本文部省项目"社会变迁与中国苏南、苏北教育模式";与英国沃里克大学教育研究所合作,研究情感教育;与香港教育学院基础教育学院合作,研究公民教育;2004年以来,作为中方主持人,与俄罗斯联邦教科院合作,完成"20~21世纪之交中俄教育比较"研究,成为中俄"国家年"献礼作品,以中、俄文分别在两国出版。多年来,应邀分别在俄罗斯、日本、韩国、泰国、美国、保加利亚、英国、瑞典等国家以及香港、澳门、台湾等地区参加学术会议并做学术报告。

朱小蔓教授享受政府特殊津贴,曾被评为江苏省有突出贡献的中青年专家。2004年4月,经俄罗斯联邦教科院院士大会公开投票选举为外籍院士。

核 心 观 点

- "从某种意义上说,教育和教育影响的发生正是教师德行展开的过程。我们追求的教育结果,或者说效果,一定是教师德行的释放而对求学者、对教育活动、对教师本人产生的正面价值和意义。"

- "无论从我国教育发展将进一步走向注重教育品质上说,还是从目前教育战线教师的实际工作状况看,师德建设特别需要从如何激励教师获得职业上的认同感、尊严感,愿意遵从、磨砺职业操守直至心向往之这一思路上加以考虑。"

- "我们在欣赏师德的美丽,陶醉于它的芬芳的同时,在当前,更需要关心它生长的机理与土壤,也就是要在支持性条件方面做更大的努力。"

- "应该看到,时代对教师道德提出了新的,也是更迫切的要求。在当前,教师道德应凸显平等的关怀、多样的激励、统整的教育、自觉的反思、同侪的分享等方面。教师道德建设的确需要调整思路,转换视角:教师道德建设需要回归到人,回归人的生活和人身在其间的人际环境、情感氛围,寻找教师培养的一些更为深层的东西,即:如何使教师在职场中、在追求专业成长的过程中成为师德建设的积极主体。"

- "从根本上说,师德建设是一项文化建设,最深层的、难度最大的在于教师作为人以及作为职业人的精神建设、心灵建设。所有的制度安排、政策设计、环境改造终须抵达教师个人的精神—心灵层面,即稳固教师心中的'锚'。教师道德的深层基础在于积极、正向情感的积淀,情感素养的提升。它们才是师德建设的最可靠的基石。"

- "教育是一项具有道德性的实践活动,教师的工作是在职场中启迪心智、铸就品格、提升境界。因此,师德建设首先需要唤醒和激发教师对其工作道德意义的自觉意识。其次需要唤起教师道德教育的热情。教师道德并不主要靠外部灌输,也不仅靠外在规范约束而成,重要的是他本人在工作中磨砺出来的。最后,需要提升教师道德教育的能力。"

- "教师的专业成长、教师伦理道德的形成最根本的在于职场锤炼,教师职业道德品质生长的土壤深藏在教育教学的生动、丰富而复杂的情境中。教师是通过每日每时的教学,通过经常性地与学生的交往来成就自己的学问和师德的。因此,教师要在工作中、在教育活动的职场中有意识地加深对教育专业伦理性的认识,反思自己的教育实践,特别是要有意识地培养道德敏感性,并在教育教学实践中养成自觉思考教育伦理问题的习惯,掌握处理教育伦理问题的策略和方法。"

- "师德既是客观、外在的规则和秩序,更是职业的内在要求。教师只有不断加强人文修养,才能获得教学的成功,赢得学生的信赖,也才能生发职业的幸福感,不断地强化对教育工作的信念。"

- "加强师德建设还需要营造良好的社会氛围。要有切实的政策措施保障教师的政治地位、社会地位、职业地位,维护教师的合法权益,引导社会以恰当的尺度评价教师。任何一个教师都处在不断发展和完善的过程中,教师的专业成长(包括精神成长)贯穿于教师整个职业生涯中,社会和教育管理者要从发展的角度给教师以适度宽容。"

对话全文

> 为深入贯彻习近平总书记2014年9月9日在北京师范大学师生代表座谈会上的重要讲话精神，积极引导广大高校教师做有理想信念、有道德情操、有扎实学识、有仁爱之心的党和人民满意的好老师，大力加强和改进师德建设，努力培养造就一支师德高尚、业务精湛、结构合理、充满活力的高素质专业化高校教师队伍，教育部于2014年9月29日研究出台了《关于建立健全高校师德建设长效机制的意见》。那么，如何理解师德的本质内涵？师德形成的机制、路径是什么？怎样更加切实有效地加强师德建设？带着这些问题，笔者专门采访了我国著名德育专家，中国陶行知研究会会长朱小蔓教授。

离开情感的师德建设很难达至好的效果

作者：据我调研，在高教界关于加强高校师德建设的文件可谓琳琅满目，国家有文件，各省（市）有文件，各个高校有文件。遗憾的是，师德建设从总体上讲，还有好多不尽人意的地方，正像有的同志所说："声势很浩大，效果很苍白。"原因何在？是不是对"师德"的认识、理解和把握上存在偏差？

朱小蔓：你说的这个现象是存在的，我认为你追问的"原因"也是有道理的。实事求是地讲，多年以来，我几乎每年都参加教育部组织的全国师德论坛，每次参加、每次发言，都会引起内心很多的记忆和联想。我们总被一些有崇高境界和情怀的人和事感动着、振奋着，同时也为师德建设的总体状况忧虑着、期待着。

师德是教师职业道德的简称。它是对教育工作者的教育活动从伦理关系上的原则规定，它引导和规范教师公正善待求学者，同时引导和规范教师正确对待专业工作以及与职场同事的关系，与家长、社会的关系。教师道德最终是需要教师在教育职场践行中体现出来的文化形态和精神形态的东西。因此，它并不是抽象的、外在于教师工作的指令，更不是冷冰冰的，试图束缚、控制教师的工具。相反，它是帮助教师完成本职工作，获得个人职业尊严的精神武器。从某种意义上说，教育和教育影响的发生正是教师德行展开的过程。我们追求的教育结果，或者说效果，一定是教师德行的释放而对求学者、对教育活动、对教师本人产生的正面价值和意义。教师道德对求学者、对教育活动、对教师本人并不是工具性的意义。正因此，无论从我国教育发展将进一步走向注重教育品质上说，还是从目前教育战线教师的实际工作状况看，师德建设特别需要从如何激励教师获得职业上的认同感、尊严感，愿意遵从、磨砺职业操守直至心向往之这一思路上加以考虑。我们在欣赏师德的美丽，陶醉于它的芬芳的同时，在当前，更需要关心它生长的机理与土壤，也就是要在支持性条件方面做更大的努力。

作者：刚才您讲到教师道德"并不是抽象的、外在于教师工作的指令，更不是冷冰冰的，试图束缚、控制教师的工具"，让我触动很大。的确教师道德建设需要感情因素。

朱小蔓：情感在教师道德形成中具有特殊价值。由于情感对于人的生存发展的特别功能，其作用的机制越来越被现代科学与哲学揭示出来，同时，随着人类文明的进步发展，道德的主体性质，道德作为人类自由精神的本质越来越被人们认识，情感与个体道德形成的内在关系也就越来越清楚地显现出来。情感不仅是道德认识转化为道德行为的中间环节，而且在个体道德形成的完整过程中，始终具有特殊的地位、特殊的价值。主要表现在：

第一，情感使人的道德认识处于动力状态，从而在极大程度上保证道德认识和道德行为的统一。什么是道德情感呢？道德情感是人对道德原则、规范在情绪上的认同、共鸣，又是人对道德理想、道德建构的向往之情。它可能表现为积极的肯定性的情绪反应。如：道德自尊感、尊严感，利他行为后的愉悦感；也可以表现为否定性的，但同样是积极的情绪反应，如：羞愧感、内疚感等。但无论哪一种情绪反应都以当下或者未来出现满足、愉快、安心、惬意、尊严等自我肯定的情绪体验为精神报偿。英国近代理论学家、哲学家休谟在以情感原理建构他的理论及道德学说时，提出情感力量和人的精神运动水平的关系，认为："心灵处于自在的状态中时，就立刻萎靡下去；为了要保持它的热忱，必须时时刻刻有一个新的情感之流予以支持。"也就是说，神经冲动的紧张度在心灵的构成中起作用。凡能支持情感和充实情感的东西，都使我们愉快；正如在另一方面，凡使情感微弱无力的东西，也都使人不快。情感力量的运动，创造着道德，没有这一运动，也就无所谓精神。

第二，情感本身构成特殊的道德认识，即以道德直觉的方式引发或调节行为。由于道德认识的对象是人与自然、人与社会和人与自身的客观伦理关系，它们始终与人融为一体，难以分解。所以，获取道德认识更多地靠直觉性、意会性理解，靠体验、体悟式理解，而不是主要靠言传推理。道德认识是人对伦理关系的认识，这一认识主要是在伦理交往实践中形成，而非主要以认知的形式作用于主体。人在处理这些关系时往往都有一定的情境性，有个人的具体经验相伴随，因此它更多地依赖个人长期在生活环境中积淀的心理财富"不假思索"地在瞬息间完成。这使得以情感为主要表征的体验性思维、体悟性思维、道德直觉成为道德认识的基本思维方式、意识方式。我们在日常生活中常常看到的所谓"良心"、义务感、道德冲动便是这种以情感为载体、为纽带有效引发、支持和调节人的行为的道德力量。而且，一些积极美好的情绪感受如和谐亲密、安全信赖、宽厚仁慈、自由惬意、创造性快感、胜任愉快等也都能支持人走向道德状态与境界。

第三，由情感的状态水平所构成的稳定道德心境也是人们道德行为的恒常心理背景。二十世纪八十年代以来，心理学家倾向于把道德行为看作一个极其复杂的过程。美国的雷斯特（J·Rest）详细分析特定道德行为产生过程中的构成因素，概括为四种成分，它们是：

解释情境：研究表明一个人对道德情境的理解能力越差，对情境的道德敏感性越是缺乏，产生道德行为的可能性就越少。

做出判断：这一过程所涉及的主要是与道德判断有关的一些问题。

道德抉择：在道德决策过程中，一些非道德的价值观念往往引起个体内部理智与情感的斗争。

履行道德计划：需要坚定的意志去克服挫折，抗拒诱惑，完成道德行动。

这一四成分构成说，显然并不强调道德情感当下的、直接的引发力量，而是强调情感品质的稳定作用。由此可以引申理解为，当代心理学及其在教育（包括德育）上的应用，更加重视情感品质的培育，认为人的情感品质所制约的道德敏感性，对自己、对他人的感受性，情感世界的丰富性、深刻性、稳定性等是人的道德行为过程中的恒常心理背景。

应该承认，我们在师德建设中，长期忽视情感的重要作用。硬性规定多、外部要求多，重视和关怀人的情感状态不够；师德教育诉诸一般道理多，着眼于人的情感素质提升不够。我希望情感这一个维度今后能够从师德建设中凸显出来。

师德建设需要调整思路转换视角

作者：您从学理上，详细分析了情感在人的道德形成，特别是在教师道德形成中的特殊价值，让我们茅塞顿开。的确，当我们在执着地做一件事情，但又收效甚微的时候，就必须反思：我们的思路、视角和做法是不是有问题？需要不需要调整思路转换视角？

朱小蔓：应该看到，时代对教师道德提出了新的，也是更迫切的要求。在当前，教师道德应凸显平等的关怀、多样的激励、统整的教育、自觉的反思、同侪的分享等方面。教师道德建设的确需要调整思路，转换视角：教师道德建设需要回归到人，回归人的生活，以及人身在其间的人际环境、情感氛围，寻找教师培养的一些更为深层的东西，即：如何使教师在职场中，在追求专业成长的过程中成为师德建设的积极主体。

作者：刚才您说："时代对教师道德提出了更高、更迫切的要求。"看得出，您是把师德建设这个重大命题放在与时俱进这个视角下来观察和思考的。请您谈谈您的理解和观点。

朱小蔓：实际上，师德是一个永恒的教育话题。只要有教育活动存在，有教师这种人类的职业角色，就有对教师德行的要求。在中国传统文化中，对教师有着"学高为师，身正为范""传道、授业、解惑"等基本要求，也就是要求教师具有渊博的学识和高尚的情操，而且两者要做到相互贯通、融为一体。这种具有中华民族特质的教师精神支撑了中华民族几千年的发展，以教师为主的中华文化人也一直是中国社会的脊梁。这种传统的教师精神在今天仍然需要进一步发扬光大。因为，尽管我国改革开放以来教育事业取得了世人瞩目的成绩，但教育发展还面临着许多困难：教育发展不够均衡，地区差异、校际差异都很突出；教育投入尚不够充裕，一些地区的教师还在物质生活条件十分艰苦的环境中工作，等等。这些现实要求我国教师继续发扬无私奉献、吃苦耐劳的精神，以推动中国教育事业更好、更快地发展。

师德也是一个常说常新的话题。不同时代的师德讨论都必然带有鲜明的时代烙印。随着经济社会的巨大发展变迁和人类文明方式的变化，教师的职业道德面临着更加严峻的挑战，师德建设的重要性进一步凸显。这集中表现在：其一，社会改革和开放所导致的社会价值多元化使教师面临着价值选择的考验，教师处在各种价值竞争的前沿。教师的工作是教书育人，教师不仅要教给学生系统的知识，培养学生的能力，而且要向学生传递知识所负载的价值意义，使学生聆听到知识背后的道德的声音。换言之，教育所具有的科学基础和价值基础，教师工作所需的科学性和价值性，要求教师不能放弃社会价值观的传递。事实上，价值观也总是自然地携带在教师的身上，教师总是在有意、无意中将自己的价值观昭示出来，影响并传递给学生。社会价值的多元化使教师的道德选择变得更加重要、更加困难。也因此，对于教育究竟该不该传递价值观，有没有传递价值观的正当性和合理性，在一段时期内是有困惑的。以教师专业化为例：在全球性的主张教师专业化的潮流中，我国倡导的高学历化、综合性以及职前职后一体化无疑是历史的必然。但是，人们常常把专业化主要理解为提高教师的教学水准和培养"效率型教师"，而淡忘了专业化本身就包含着对教师的德行要求。加拿大长期致力于道德教育哲学研究的学者德赖特·鲍伊德认为："教学有一个基本成分——以教师的资格而表现出来的教师的道德自主性。……教学就其本质而言是一种可以随时扩展的道德实践活动。"据此，教师专业化不能忽视对教师的德性要求。其二，知识社会和终身学习时代的到来，促使学校教育的功能处于不断调整中。在知识经济和终身学习时代，一个人早期培养起来的情感、态度、价值观从某种意义上说变得比他的知识、技能更加重要。学校教育的功能从过去以传递知识为主转向了为学生的人生奠定学会学习、学会做事、学会做人的基础，学校教育的育人功能得到前所未有的彰显和认同。由此，教师在影响学生的情感、态度、价值观这方面承担的责任和应发挥的作用变得更加重要。

作者：是的，时代不同了，师德内涵也会发生变化。您怎样理解"教师道德的时代内涵"？

朱小蔓：师德的要求在不同的时代会呈现不同的特点。在当前，教师道德应凸显以下内容：

第一，平等的关怀。在现代民主社会，受教育权是每个儿童、每个公民的法定权利。保障人的受教育权，要求教师平等地关爱每个学生，关心每个学生的身心协调发展。

教师的关怀要建立在尊重的基础上，是双向的而不是单向的。现代道德关怀理论认为，关怀是一种具有道德意义的实践活动，是在关怀的行为中不断构建出新的、相互关怀和信任的关系。对于教师来说，对学生的关怀不能出自自己的一厢情愿，不能是强制性的，否则，学生不仅感受不到教师的关怀，反而会体验到教师的压迫，教育的效果也就适得其反。教师要不断考察、反省自己的关怀方式，通过平等的、双向的交流对话和沟通，使自己的关怀能够抵达学生，使学生体验、接受，并积极做出反馈。如此，教师便能从学生的积极反馈中获得成就感和职业幸福感。这种情感正是教师职业情感、信念最重要的来源之一。

教师的关怀还应是公正、公平的。教育的公平不仅仅指教育的区域发展平衡、校际发展均衡，还体现在教师公平地对待每个学生上。对于每一个具体的学生来说，他往往最直接地从自己所在班级、群体，从自己与教师的相处关系上认识教育公平和社会公平。教师公正地对待学生，能够使学生产生对人、对社会的亲近感、信任感，激发学生的学习动机和潜能，使其建立起与教师的亲密联系和合作关系。

第二，多样的激励。独特性是生命的本质属性。承认生命的独特性，意味着相信每个生命都有自我发展的潜能。"事实上，教育的最根本方面是激发、培育有创造力的文化生命的社会性主体的事物。"现代教师的职业角色已经大大扩展，他们不仅是知识的传递者、提问者、辅导者，同时也是聆听者、欣赏者、关怀者，是学生的伙伴、照顾者、引导者和榜样。教师要根据每个学生独特的智力倾向、学习风格和生命秩序，采用不同的激励方式，使他们都能在自己原有的基础上实现最大的发展。教师对学生学习活动的激励构成学生最重要的学习微环境，反过来，学生学习的积极性和成绩正是对教师工作最大的精神报偿，是稳固其职业情感，形成职业信念的支撑力量。

第三，统整的教育。在终身学习时代，支持一个人可持续发展的不仅是扎实的知识基础和技能，更为重要的是积极的生活态度、热爱学习的情感、成长动机和健康的价值观。教师能否在上述方面影响学生，将作为新的时代要求日益凸显出来。传统的课程功能观正在改变，强调通过知识的传递，培养学生的能力，同时影响学生的情感、态度、价值观（因为价值镶嵌在知识中，存在于事物的关系中），这三者在教学组织过程中是紧密地融合在一起的。一个有道德意识和道德能力的教师会自觉努力地实现完整的教育目标，通过教学及与学生的交往把知识、能力以及情感、态度、价值观的培养整合起来。

第四，自觉的反思。教育工作具有实践性品格。在现代，真正有用的、真正能够跟得上教育形态的不断改变的、原创性的教育知识生产方式正在发生改变，变得越来越倚重于教育活动现场。教师基于教育职场的扎根性研究和行动研究变得越来越有价值。教师要改善自己的教育教学工作，需要不断地、经常地、自觉地反思自己的教育教学活动。通过反思，不断地调整工作方法，提高教育的科学性和艺术性，教育智慧日臻成熟。所以，有道德的教师，必定是一个能自觉反思自己的工作，保持不断自我成长的教师。

第五，同侪的分享。教师的成长、学校的成长与学校的组织文化有着密切的关系。苏霍姆林斯基说过："教师集体是一个志同道合的创造性友好集团，这个集团中每个人都为集体的创造性做出他的个人贡献；每个人借助于集体的创造在精神上得到充实，同时他又使他的同事们在精神上充实起来。"今天的教师已不能只是一个孤独的教书匠、一个个体劳动者，他需要不断开放自己，加强与同侪之间的专业对话和合作，通过相互学习、分享彼此的教育教学经验，实现共同成长。

探讨新形势下师德建设的新途径

作者：新形势给师德建设提出了新要求。当前社会价值的多元、利益格局的调整，使得教育与市场之间、主导价值观与多元价值观之间存在着某种紧张状态，教师道德的建设也面临一定的困难。探讨师德建设的新途径就成为当务之急。

朱小蔓：从根本上说，师德建设是一项文化建设，最深层的、难度最大的在于教师作为人以及作为职业人的精神建设、心灵建设。所有的制度安排、政策设计、环境改造终须抵达教师个人的精神—心灵层面，即稳固教师心中的"锚"。所以，师德建设需要注重唤醒和激发教师对其工作的道德意义的敏感性和自觉意识。刚才我们谈到的关于教师情感的作用、价值以及如何激发和稳固它都旨在表达一个基本思想，即：教师道德的深层基础在于积极、正向情感的积淀，情感素养的提升。它们才是师德建设的最可靠的基石。

作者：您说的教师情感，具体包括哪些呢？也就是说，从师德建设的角度，可以观测哪些方面呢？

朱小蔓：教师既有作为人的情感，也有职业身份情感，两者交织难分。但无论怎样，都会有正面情绪情感与负面情绪情感之分，对教师的负面情绪情感状态需要重视，除了像羞愧感、内疚感、适度的焦虑感会有一定的正向价值外，其他的负性情绪若长时间持存会对人的精神世界造成很大的伤害。因此需要观察、感受教师经常出现哪些积极的情感，比如：热情、友善、惬意、同理心、愿意自由表达、乐于合作与承担等，并正视那些负面消极的情绪情感的存在，避免它的破坏性。还有，我们也可以从教师为人处事中看出其情感能力，比如：善于发现学生、同侪的情感需求并恰当做出应答的能力，与人沟通时的情感表达能力，自我控制、调节情绪情感的能力，善于激励学生、同时也激励自己的能力等。现行师范教育课程缺乏这方面的职前培养，教师从教后的培训也鲜有这类课程。当然，能力之根本还不在于一般的技能技巧，而是人的内在涵养与品格的自然外化。所以，人文教化、人文素养对教师来说是基本建设、长期建设。只有重视精神建设，调动、完善教师自身内在的精神资源，师德才成为有源之水，有本之木，潜滋暗长，直至枝繁叶茂，异彩芬芳。

作者：您提到的"注重唤醒和激发教师对工作之道德意义的敏感和自觉意识""调动、完善教师自身内在的精神资源"非常符合当前以人为本的理念，请您具体谈谈如何去落实。

朱小蔓：教育是一项具有道德性的实践活动，教师的工作是在职场中启迪心智、铸就品格、提升境界。因此，需要唤醒和激发教师对其工作道德意义的自觉意识。教师必须对道德是职业生活和个人活动结构中所固有的这一事实获得信心，依此行动的教师将会看到，每一门学科、每一种教学方法，学校中的每一偶发事件都孕育着培养道德、创造道德的可能性。教师必须对教育中每一个人都持有"做好人""做好学生"的本性及愿望这一事实获得信心，依此行动的教师将会看到，每一个人都有道德学习与建构的潜能。教师必须对自己作为学生榜样这一事实获得信心，依此行动的教师将会看到，其言谈举止、做人行事的方式所实际表露的人性与德性品质、价值观倾向都对学生影响至深至远。就此而言，每一个教师，不管其在学校教育中肩负何职，都必须意识到这一事实性存在，并努力在所有教育教学过程和环节中坚守对核心价值观的传递。

其次，需要唤起教师道德教育的热情。教师道德并不主要靠外部灌输，也不仅靠外在规范约束而成，重要的是他本人在工作职场中磨砺出来的。一个教师长远的、建立在学生心中的形象不仅在其学问，也在其道德人格。陶行知先生说"千教万教教人求真，千学万学学做真人"，教书和教人融为一体。教师道德提升其实也是教师自身成就、自我生命成长、人生完善的内在需求。有了这种愿望和热情，教师才会自觉地利用和挖掘不同学科在内容和材料中可能蕴涵的道德教育资源，才会从教学设计、结构、策略、方法等方面研究、开发和创造道德教育的各种可能性，才会在课堂中自觉地依据道德交往情境呈现多元角色，并对诸环节中的自我表现加以反思和调整，把课堂真正变成师生共同过道德生活的时光和场所。

最后，需要提升教师道德教育的能力。这种能力，需要有关道德教育的心理学、社会学、脑科学、伦理学等知识基础的支撑，也需要教师在职场中形成道德敏感性和教育机智。一个具有道德影响力的教师，是能发现学生生命内在的德性潜质，不断探索这种潜质的丰富性和独特性，并为之创生各种有利的教育情境促其成长的教师；是能在开放的社会与学校教育中持续地思考、探究和辩证处理新的道德难题，与学生共同成长的教师；是既有人文情怀，又能践行人文关怀的教师。

作者：您还谈到一个很好的路径，就是注重师德建设的"土壤"，它包括哪些方面？

朱小蔓：具体地说至少包括这样几个主要方面：一是通过倾斜性的特殊劳动津贴激励教师多做贡献而获得职业尊严。近年来，我国在改善教师工资待遇方面虽然取得了很大进展，但许多仍是补历史欠账，也有大量的是对城镇化过程中出现的新的城乡、地域差异做新的政策应对。至今，无论中小学、幼儿园，还是高等教育，教师劳动的特殊性及其贡献并未真正被人们认识，要进一步做的工作还很多。在中央财政好转的形势下，政府不断加大对各级教育的财政投入，这显然是提高教师地位和职业尊严的重要物质基础，也是倡扬师德、引领价值导向的重要契机。必须考量和把握这些旨在激励勤奋、表彰先进、鼓励创造的工资绩效政策对师德建设如何真正产生积极影响，对不同工作岗位、不同工作量、不同工作环境的教师的薪酬做出区分和价值引导。这是对做出更多实际工作、奉献了更大教育价值、承受了更多困难的教师表达社会的肯定和支持。对高校教师而言，要进一步研究对高创造性的工作、隐性的工作、长期而滞后得以表达的工作如何用更适宜的方式评量其劳动量及其价值，这是一个极其复杂的制度设计和组织安排，它虽然艰难，还是要努力探索、加以革新，否则不但不能支持教师道德提升，相反会助长急功近利、投机钻营，甚至徇私舞弊等反道德的行为与风尚，它对师德建设的破坏力让人十分痛心。

二是通过更多赋权为教师创设职业价值实现的空间。教师职业本质上是教师在职场实践中的创造性劳动。它需要教师有自由创造的心愿、积极性和能动性，需要通过不断在实际的教育、教学伦理关系中做出决定和行动来锻炼、磨砺，通过他本人的劳动成就感获得对自我价值、自我道德形象的肯定。因此，学校必须赋予教师更多的教育、教学自主权，充分调动和发挥教师的自主性和创造性，让教师鲜活的生命个性在常规的教育教学工作中、在自己的本职工作岗位上得到展现。在当前的教育实践中，赋权包括在相信教师的前提下，鼓励和支持教师进行教学资源的开发，开展乡土教材、校本教材的编写，探索学习困难学生的教育策略和方式，根据教学实际创造性地落实教改理念以及开设选修课，支持学生网络学习、自主学习等多个方面，鼓励教师创造性地创设条件完成教育教学任务、提高教育教学效果。在这一过程中，教师因拥有较宽松的工作环境，有更多解决伦理难题、挑战自我的机会，容易体验到职业成长的乐趣，获得职业成就的自信。而且，也只有当他们的工作与所处条件相结合、能用得上时，他们才可能发现其工作的意义和价值。其实，这正是教师师德生成的广阔舞台和不竭动力。

三是加强和改善对教师的专业管理，保障教师的专业发展与道德成长。专业管理是指在课程管理、培训管理、教学组织管理等方面，对教师进行业务上的指导和管理。毋庸讳言，长期以来，我们对教师工作的特殊性、专业性是认识不足的，由此，对教师工作的管理如何贴近专业性质、尊重其专业规律做得很不够。在不少地方，人们习惯和满足于用行政管理代替专业管理。教师的日常业务学习，同伴的相互切磋、分享与互助，教师的工余自修等都需要有一种"专业管理"而非"行政管理"的意识和方式，以保障教师在职业成长、道德成长方面的需求得到满足。当前，对教师专业管理的内涵、条件、管理模式、管理体制与机制方面的探索和认识还很不够，专业管理的水平普遍还不高。

作者： 您提出："使教师在职场中、在追求专业成长的过程中成为师德建设的积极主体，实现师德提升。"这句话对师德建设很有启发性和指导性。请您具体谈谈。

朱小蔓：首先，立足教育活动职场磨炼教师的德性。正如前面所述，师德建设是专业化的应有之意，是专业化的内在构成。教师的道德成长与专业成长是内在一致、并行不悖的。因此，在教师专业化的过程中，要重视开发教师的职业认知、情感和态度，重视教师创造热情的激发、审美意识体验与审美能力的生成，以及教师自身生命成长的价值追求与生活体验的过程，要"把教师放在道德驾驶员的座位上，以便我们在当前迷恋于专业化的时候不至于迷失方向"。

教师的专业成长、教师伦理道德的形成最根本的在于职场锤炼，教师职业道德品质生长的土壤深藏在教育教学的生动、丰富而复杂的情境中。教师是通过每日每时的教学，通过经常性地与学生的交往来成就自己的学问和师德的。因此，教师要在工作中、在教育活动的职场中有意识地加深对教育专业伦理性的认识，反思自己的教育实践，特别是要有意识地培养道德敏感性，并在教育教学实践中养成自觉思考教育伦理问题的习惯，掌握处理教育伦理问题的策略和方法。

其次，教师要加强自我修养。教师是师德建设的主体，师德建设要充分尊重并发挥教师的自主性，使提高师德真正成为教师的一种自我成长需要。师德既是客观、外在的规则和秩序，更是职业的内在要求。教师只有不断加强人文修养，才能获得教学的成功，赢得学生的信赖，也才能生发职业的幸福感，不断地强化对教育工作的信念。教师必须通过长期的、尽可能丰富的阅读与反思，通过与学生的交往、参与公益活动，通过跨学科、跨际交流扩展视野与心胸等，增进自己对教育的理解、对学习者的认识，学会和今天这个时代的学生打交道。

最后，加强师德建设还需要营造良好的社会氛围。教师是生活在社会现实中的，师德建设需要良好的社会条件和环境。首先，要有切实的政策措施保障教师的政治地位、社会地位、职业地位，维护教师的合法权益。特别要对坚守教育精神的教师给予热情的鼓励，对处于困难工作条件下、处于弱势情境下的教师给予有效的援助。要进一步改革人事制度，健全和落实相关法律法规。其次，引导社会以恰当的尺度评价教师。现在，社会上有一些人对教师要求和期待过高，对教育的认识和理解存在偏差，对教师的创造性劳动、教育的职业特性尊重不够，对教师的评价也不够合理，这一状况也需要尽快加以改变。任何一个教师都处在不断发展和完善的过程中，教师的专业成长（包括精神成长）贯穿于教师整个职业生涯中，社会和教育管理者要从发展的角度给教师以适度宽容。

作者札记

师德建设需要回归到人

读朱所长（我还是觉得这样称呼更自然和亲切）的文章，听她说话，确实有一种茅塞顿开的感觉。因为她的思路是新的，看问题的视角是新的，使用的概念和表达概念的语言都是新的。

在朱所长看来，师德建设之所以收效甚微，原因是没有找到"体现师德建设规律的路径"。在社会转型的新形势下，要做好师德建设工作，需要进一步转换思路，特别需要回归到人。

她分析说："因为道德教育是人内心的自觉唤醒，教师职业道德建设需要从源头上去寻找途径。特别需要从如何激励教师获得职业上的认同感、尊严感，使其愿意遵从、磨砺职业操守直至心向往之这一思路上加以考虑。我们在欣赏师德的美丽，陶醉于它的芬芳的同时，更需要关心它生长的土壤，也就是要在支持性条件方面做更大的努力。"

这些新理念，一下把我吸引住了。因为我当时在山东高校工委宣教处工作，正负责起草《关于建立健全高校师德建设长效机制的指导意见》。起草前在全省高校做了一次调研，那次调研让我发现：在高教界关于加强高校师德建设的文件可谓琳琅满目，国家有文件、各省（市）有文件、各个高校有文件。遗憾的是，师德建设从总体上讲，还有好多不尽人意的地方。正像有的同志所说："声势很浩大，效果很苍白。"原因何在？是不是对"师德"的认识、理解和把握上存在偏差？

就在我困惑之时，有幸遇到了朱所长。我较为系统地拜读了朱所长的一系列著作。尤其她的专著《情感教育论纲》和对话性著作《教育的问题与挑战——思想的回应》让我有一种拨云见日的通透感。她的"教育的核心和灵魂是德育，教育的根本目的是育德""教育集中到一点，就是造就美德""'德'是内在于生命的"等论述给了我源头上的思考。

"当代德育实效性低靡的原因，从根本上做哲学分析，是知德分离、智德分离。在这种分离状态下，德育变成被割裂的教育的一部分，而不再是生命、灵魂的统领性的东西了。德育本来该贯彻在德、智、体、美等教育实践的各个方面，但当代教育却把它抽离出来，并使之独立运行。这样一来，整个德育便丧失了其发挥功能和作用的土壤和氛围。"她的这种力透纸背的论断，给人以震撼。多年来我们搞德育，习惯于下文件、开会议和搞运动，真的没有静下心来去思考和研究其效果。

特别是她的"关于如何改善不尽如人意的德育的三个观点"对我触动更大。

她的第一个观点是，道德教育不仅是社会或国家对个体的一种规约和要求，也不仅仅是用社会性的价值规准去要求个人。道德是要要求个人，但这种要求的最终目标应当是关注个体的生活质量和生活幸福。在社会取向与个人取向的关系上，她认为两者可以有机地整合起来，使个体生命的舒展与社会生活的和谐有序之间达成动态的平衡。

她的第二个观点是，过去我们一说道德教育，比较多地是讲国家和社会对个人有什么要求，比较少地讲这种要求是不是个人生命中与生俱来的要求，是不是体现了个人的生命价值、生活质量。

她的第三个观点是，道德教育不是一个可以离开其他活动而独立存在的东西，不要把道德从人的活动中分离出来，道德渗透在社会生活的一切领域，无时不在、无处不在。如果把德育从生活的其他活动中抽离出来，那么，这种德育必将被架空，就不会有很好的效果。

联想到教师职业道德的建设，不是同样存在这些问题吗？解决这些问题需要"重新定义和重塑师德"。当我把这些读书体会写成访谈稿寄给她时，不久就收到了她的回信：

兴华：

你好！

我在初稿基础上做了一些调整、补充。因题目针对高校教师，有些内容和文字相应做了微调。你花时间将我以前的作品做了梳理，逻辑框架和文字不错，谢谢你。

我明天出差，11号才能回京，只能下决心现在就花时间完成这项工作，因时间实在不允许，无法做得更好了。请你对花脸稿进行确认。

祝好！

朱小蔓

整个访谈稿，她修改得非常认真和仔细，让我又一次看到了这位大家治学的严谨和科研的认真。过了不久，我到京出差，有幸又跟朱所长一块在北京师范大学共进午餐，有了面对面交流的机会。她的渊博学识，她的学术见解以及她的谦和态度给我留下了极深的印象。尤其她讲到在安徽生活和工作时期的故事，是那样有感情，我又一次感受到这位当代德育大家的特殊气质和人格。

院校研究：现代大学管理科学化的助推器

——对话全国院校研究会会长、华中科技大学原党委副书记刘献君

专家传略

刘献君，1945年3月10日生，湖南宁乡人，现任华中科技大学学术委员会副主任，湖北省社科联副主席，《高等教育研究》杂志主编，文华学院院长，教授，博士生导师。曾任华中科技大学党委副书记，教育科学研究院院长。

刘献君教授长期从事高等教育管理和理论研究，主要研究方向是高等学校管理、院校研究、大学德育。出版专著18部，发表论文200余篇，近五年主要著作有：《高等学校战略管理》《院校研究》《文化素质教育论》《教育研究方法高级讲座》《专业教学中的人文教育》等。享受国务院政府津贴，获国家级教育成果一等奖、二等奖各一次，全国人文社科图书一等奖，高校人文社科优秀成果二等奖，湖北省社科成果一等奖等，被评为全国高等教育研究有重要贡献学者。

主要学术兼职：中国院校研究会会长，中国高等教育学会学术委员会副主任，全国大学生文化素质教育指导委员会顾问，湖北省高教学会学术委员会主任等。

他在国内较早对大学德育过程、大学生社会化特征、大学生发展阶段性规律、社会偶然因素对人的影响规律、大学生文化素质教育等进行研究，推动出版《中国大学人文启思录》。近几年来，他提出并推动院校研究，对高等学校定位、战略管理、学科建设和管理、师资建设和管理等方面进行了比较深入的研究，提出办大学在战略上要站得高一些、没有一流的学科就没有一流的大学、建设教学服务型大学、办大学就是要办一个氛围等观点。他曾应邀到国内外300多所大学给领导、教师、学生做学术报告。

核心观点

- "如果把一所大学比喻成一辆汽车,那么,领导是驾驶员,院校研究就是这辆车的仪表盘。"

- "以前的大学规模较小,高校办学自主权空间也小,就好像是一辆自行车,凭借一定的经验就能骑好;但是现在形势发生了很大的变化,很多学校规模达到万人以上甚至是十几万人,高校也有了较大的办学自主权。管理者们如果还是凭借骑自行车的经验去驾驶一辆乘坐几万人的'大车',显然是不行的。你必须熟悉车子的现状和性能,出现问题及时解决,才能安全平稳地朝着目标方向驾驶这辆车。院校研究的作用和功能,就是这辆车的仪表盘。"

- "中国高等教育正处在大变革、大发展之中,面临前所未有的挑战。我们正在经历高等教育大发展的历史,我们更要高度关注大学的发展,研究大学的发展,把握大学的发展,不留下历史性的遗憾。院校研究正是在这种背景下应运而生的。"

- "院校研究是行动研究,在实践中立题,在研究中总结,在总结中成书。'学生学习了才有教育''办大学就像办食堂''教师就是助产士''教学就是点燃学生求知的火苗'这些理念逐渐被参与实验和研究的高校所接受。"

- "在这个信息技术发展迅猛的时代，要想从高等教育大国走向高等教育强国，建立现代大学制度、实行科学管理是必由之路。而院校研究，正是帮助中国大学走上这一轨道的必备工具。在大数据的背景下，大学管理变成一种数据支撑的行为科学。正如复旦大学施伯乐教授所言，大数据将是下一个社会发展阶段的'石油'和'金矿'。无论是个人、企业还是国家，谁能更好地抓住数据、理解数据、分析数据，谁就能在下一波的社会竞争中脱颖而出。关于数据的知识，将成为个人知识结构中的必备要素和基础。"

- "中国大学要建立现代大学管理制度，首先必须改变'拍脑袋'式的主观决策方式和基于经验的管理模式，学会'有问题找数据''用数据说话'，在数据分析的基础上进行有效决策，让决策有理有据，促使现代大学向科学管理转变。"

对话全文

面对大众化、国际化、市场化挑战的新形势，大学如何实现由经验管理向科学管理转变，是当前推进现代大学科学管理的一个重要课题。2000年，华中科技大学成立了全国首家院校发展研究中心（以下简称"中心"），在全国率先开展院校研究。经过十余年探索和实践，院校研究帮助全国部分院校的管理走向了科学化轨道。现在，院校研究已经成为支持大学进行理性决策和科学管理的代名词。

那么，何为"院校研究"？"院校研究"对大学管理和科学发展有何作用？日前，笔者走访了全国院校研究会会长、华中科技大学院校发展研究中心主任刘献君教授。

院校研究：现代大学管理的"仪表盘"

作者：到底什么是"院校研究"？中国为什么需要"院校研究"？

刘献君：如果把一所大学比喻成一辆汽车，那么，领导是驾驶员，院校研究就是这辆车的仪表盘。

这个比喻形象地道明了院校研究与大学及其管理者的关系。以前的大学规模较小，高校办学自主权空间也小，就好像是一辆自行车，凭借一定的经验就能骑好；但是现在形势发生了很大的变化，很多学校规模达到万人以上甚至是十几万人，高校也有了较大的办学自主权。管理者们如果还是凭借骑自行车的经验去驾驶一辆乘坐几万人的'大车'，显然是不行的。你必须熟悉车子的现状和性能，出现问题及时解决，才能安全平稳地朝着目标方向驾驶这辆车。院校研究的作用和功能，就是这辆车的仪表盘。它依靠对高校各个方面的运行现状和历史数据的掌握和分析，就某所高校内部的具体管理问题进行及时诊断，从而为学校领导的管理决策提供科学依据。

作者：是在什么背景下提出了"院校研究"？怎样理解"院校研究"的具体内涵？

刘献君：中国高等教育正处在大变革、大发展之中，面临前所未有的挑战。我们正在经历高等教育大发展的历史，我们更要高度关注大学的发展，研究大学的发展，把握大学的发展，不留下历史性的遗憾。院校研究正是在这种背景下应运而生的。

2003年10月在甘肃天水召开的全国首届院校研究学术研讨会上，对院校研究的理解，已达成一些初步共识。如：院校研究的对象是本校的实际问题；研究的目的是改进管理实践；研究的主要特点是对单个院校的研究，包括行动研究、咨询研究、自我研究。2004年10月，在华中科技大学举办的院校研究与现代大学管理高级研讨班和国际学术研讨会上，通过美国院校研究协会八位专家的讲授和与会代表的交流探讨，大家进一步加深了对院校研究的理解。这里需要弄清楚三个问题。

一是院校研究是一个研究领域还是一个学科。院校研究不是一个学科，而是高等教育研究的专业实践领域。与高等教育管理研究相比，院校研究更注重对高校管理实践问题的研究；与中国高教学会中其他一些二级学会的研究相比，院校研究更注重研究的科学性、综合性和应用性。

二是院校研究是否只能研究本校问题。院校研究主要是研究本校的问题。由于学校的历史传统不同、学科结构和人员结构不同，每一所大学的改革、发展，都是一个创造性的过程，不可能照搬别人的模式、经验，因此，每所大学都需要对自己进行研究。同时，也只有每所学校都研究好、办好，整个高等教育才能健康发展。但是，院校研究不排除在个案研究的基础上，对一些普遍规律进行学术性的探讨；同时，研究本校，也要与其他学校进行比较，才能认清本校的问题，抓住本质，解决问题。院校研究也有责任从单个学校的研究去评价政府的决策，并提供政策性建议。

三是领导者、管理者能否参加院校研究。应该看到，院校研究是行动研究、咨询研究，研究的目的在于咨询，在于推进决策的科学性。问题的解决、科学的决策都有赖于领导者、管理者。因此，他们不仅要熟悉院校研究，而且应该参与院校研究，只有领导者、管理者、研究者共同努力，才能有助于院校研究取得成效。

作者：过去我国有没有院校研究？现在整个研究情况怎样？

刘献君：20世纪80年代，中国大学普遍开始建立高教研究所（室），本意是加强对自身发展的研究。二十多年来，做了大量的工作，其中一些研究，应该说是属于院校研究。但是，由于多年来都是政府办大学，高校没有办学自主权，也没有相应的社会问责，缺乏院校研究的外部条件和需求。同时，由于高教研究者自身的局限性，高教研究所（室）的研究有违初衷，大体向两个方向发展，一是发展学科，争取博士点、硕士点，培养人才；二是为学校领导写讲稿、写文章，进行秘书性、经验性的工作研究。我国的高教研究普遍存在三多三少的状况，即：思辨研究多，实证研究少；宏观问题研究多，实践问题研究少；经验性总结多，科学性、系统性研究少。

由于高校办学自主权的扩大，社会问责制度开始形成，近几年来，中国高教研究者开始重视院校研究，把院校研究作为一个重要的研究领域。2000年华中科技大学教科院建立了院校发展研究中心，把院校研究作为学院的重要发展方向；2001年在全国高等教育研究所联席会议上，华中科技大学教科院倡导通过发展院校研究来提高高校管理水平；2003年10月全国首届院校研究学术研讨会在甘肃天水市召开，来自全国的95位代表参加了会议，在那次会上，代表们提出了两个建议，一是建立中国院校研究会，引领全国的院校研究工作，二是希望能邀请美国院校研究会专家系统地介绍美国的院校研究工作。与此同时，清华大学、北京大学、复旦大学、华东师范大学、大连大学等也开始建立院校研究机构，或通过高教研究机构进行院校研究。

专题突破：为中国高校管理提供案例参照

作者：目前，我国院校研究方兴未艾，而且取得了骄人成绩。听说您领衔的研究成果《中国院校研究案例》受到各高校的青睐，请您谈谈这方面的情况。

刘献君：2012年下半年，华中科技大学出版社接到多所高校打来的电话，询问能否购买到《中国院校研究案例》丛书。这套已经出版了三辑的案例集，被一些大学领导称为"高校管理者不可或缺的枕边参考书""高校改革发展的参照读本"。

出版此书的初衷，则要从当初中国院校研究寻找发展困境的突破口谈起。21世纪初开始在中国提倡院校研究时,其实也遭到一片质疑声。大家都在问:难道中国以前没有院校研究吗?院校研究和高等教育管理研究有什么区别?我们通过撰写文章、召开会议以及翻译编著美国院校研究的相关著作文献对这些问题进行了解答,让中国同仁对这些问题有了比较清晰的认识。如著名教育家潘懋元先生就断言:院校研究将成为大多数高校所属研究所(室)的主要研究任务,成为高教研究的重要领域。原北京师范大学校长钟秉林也指出:可以预见,以院校研究为主导的微观应用研究前景广阔,在强化高校管理实践指导功能的同时,亦将推动我国高等教育研究的深化发展。但对这些问题的共识只是停留在"院校研究的研究"阶段,我们的主要任务是通过科学的方法,实质性地在高校实践领域推动院校研究。

如何从实践中推动呢?在美国,数据是院校研究的基础。依靠数据进行理性决策已成为美国高校管理的文化和传统。但在中国,由于各种原因,我们缺乏全国性和院校层面的数据系统。怎么办?凭着多年的高校管理和研究经验,我和在北美学习生活多年的赵炬明教授等讨论,觉得应将数据库建设当作一项长期的任务。而中国院校研究的突破口,可以列出一些突出的管理问题,从"专题研究""质性数据"开始。一方面专题研究容易把握、易于开展,见效比较快;另一方面高校领导面对大量的管理问题,有研究需求,容易引起重视。于是在2007年的全国院校研究学术研讨会上,我们提出了"以专题研究为突破口,将中国院校研究推向一个新阶段"的倡议。即针对中国高校管理中存在的突出问题,一所学校一个案例进行剖析,提出改进建议,供学校决策层参考。

那时正值高校学习科学发展观以及面临"十二五"规划制定的关键时期,一批院校基于本校管理中的实际问题,积极开展专题研究,并在一定程度上促进了管理实践的改进。如"上海交通大学院系中长期评估""愿景、使命与行动——清华大学创造世界一流案例研究""走向国际化——浙江大学案例研究""中国海洋大学教师专业化发展的组织模式研究"

"中央财经大学学院整体工作评价指标体系研究""中原工学院内部质量保证体系构建""临沂大学实施扁平化管理改革研究"等一大批高质量的专题研究,实实在在地推动了管理实践,有力地推进了学校的改革和发展。而这又进一步吸引了高校管理者对院校研究的关注,华中科技大学、华中农业大学、长江大学、河北科技大学、青岛大学、西华师范大学、沈阳航空航天大学、云南师范大学、长江大学、河南农业大学、空军雷达学院、山东交通学院、武汉纺织大学等一批高校党委书记、校长经常参加院校研究会的活动并亲自抓本校的院校研究。华中农业大学等每年列出若干项目,进行招标,并制定了《院校研究科研课题管理办法》。高等教育研究者与高校管理者的有效合作,促使中国院校研究开始进入一个良性发展的轨道。

为将这些成功的经验向全国范围推广,让更多的高校学习借鉴,中国院校研究会开始建设院校研究案例库,将案例收集到学会网站专栏,之后又征集具有典型性、启示性和实效性的研究案例,按专题精选,编辑出版《中国院校研究案例》丛书。大量生动、规范的案例,为高校专题研究提供了借鉴和示范。

作者:院校研究是行动研究,你们在实践中立题,在研究中总结,在总结中成书。除了用《中国院校研究案例》推动相关工作之外,还有哪些做法?

刘献君:我们每年都组织开展院校研究年会,针对中国高校管理和院校研究中出现的热点和难点问题,每次选定一个主题开展研究。单数年针对院校研究的方法、内容举行国内院校研究研讨会,双数年针对高校中重要的管理问题举行国际学术研讨会。从对院校研究的历史、概念、功能的争论到对院校研究数据分析的对象、内容与方法的探讨;从对"大学领导与发展战略""建设高等教育质量保障体系"的全局性管理问题到"全球化时代的高校人力资源管理""以学生为中心的本科教育变革"等具体问题的逐步聚焦。从2003年到2013年，每一个主题，都带动和引领着不同高校院校研究人员和管理者的广泛参与和行动实践。2012年"院校研究：'以学生为中心'的本科教育变革国际学术研讨会"吸引了国内外400多名高校院校研究和管理人员参会。会上修改和刊发了《抓住历史机遇，实现以学生为中心的教学模式转型》的倡议书，号召会员单位和参会者积极行动起来，在本校开展教育教学改革。该会在国内高校掀起了一股"以学生为中心"的浪潮。会后，上海交通大学、国防科技大学及解放军理工大学等高校先后邀请我做专题报告，并与学校中层以上领导干部进行集中交流，大家对"学生学习了才有教育""办大学就像办食堂""教师就是助产士""教学就是点燃学生求知的火苗"等"以学生为中心"的相关论点留下了深刻的印象。西华师范大学校长陈宁教授感叹说："我每年要参加很多会议，但只有一个会议，我是自己主动要求并且坚持每次都参加，那就是中国院校研究年会。因为每次会议都有一个很显著、很及时的主题，而且每参加一次会议我都能获得大量有用信息，这些信息促使我对学校的发展进行系统深入的思考，并给我很大的启发。"

把脉问诊：为各类高校提供管理咨询

作者：您常常带着团队成员深入各高校，帮助制定学校发展规划，为高校提供管理咨询，请谈谈这方面的情况。

刘献君：虽然越来越多的高校管理者认识到了院校研究的作用，但有一部分研究力量薄弱的学校自身还难以有效开展研究。如何让更多的学校受益呢？就像您说的"带团队成员到各高校一块进行研究"。主要是和部分学校的领导、研究人员一道，帮助他们制订学校发展战略规划，为学校发展中的一些重大问题进行管理咨询，效果很好。

2009年,河北科技大学邀请我组织专家为其制定学科发展规划。我带着四位教授和三位博士生组成的专家队伍,先后多次到该校调研,并到各个院系和一线教师进行座谈和个别访谈,在收集了大量一手资料和数据的基础上,运用SWOT战略分析法,为河北科技大学制定了未来十年(2010—2020年)的学科建设和发展规划。2011年初,河北科技大学党委专门给华中科技大学教科院发来感谢信,感谢我们课题组为该校制定了高水平的"学科建设与发展规划"。信中说:"学科规划专家立足学术前沿,站得高、视野广,对我校背景分析客观、深刻,实事求是,提出的'建设地方一流教学研究型大学'的长远发展定位,以及学科建设与发展的基本原则、思路和策略等符合我校实际,提出的总体目标和具体任务令人感到振奋和鼓舞,保障措施可行,是引领我校未来十年学科建设与发展的纲领。"2013年7月,河北科技大学党委书记计卫舸教授在参加院校研究研讨会时真诚地说:"这几年,学校一直在按照学科建设规划衡量各个学院的工作,取得了让人欣喜的进展。接下来我们还准备做一个学校总体发展规划,我们还希望刘教授能组织专家帮我们拿脉问诊,给我校提供科学咨询和有效帮助。"

空军预警学院的成功转型也得益于与院校研究专家一起开展的研讨。该校原来是空军雷达学院,学科专业围绕雷达装备而设立。为了适应国家发展战略和安全战略新要求,该校通过对发展战略环境的分析,提出学校的学科专业要向空间拓展、向预警拓展。2008年以来,该院院长蓝江桥等运用战略管理方法,提出了"突出信息化,强化大预警"的发展战略和"立足空军、面向全军、服务国家"的办学定位。2011年,经中央军委批准,学院更名改建为空军预警学院,学校的学科专业、服务面向和发展空间大大拓展。院长蓝江桥教授在参加2013年7月的院校研究研讨会上感慨:"院校研究对学校的办学顶层设计、发展战略选择、科学决策和科学管理都起到了支撑性作用,对学校的发展起到了全方位的推动作用。"

作者：在努力推动中国院校研究"由点到面"的工作中，您和您的团队采取了哪些措施？

刘献君：院校研究学会根据高校发展的"类特色"，组织不同高校开展专题研讨会，让同类型的高校在研讨中明晰问题，相互学习，共同研究并寻找发展之道。如2012年在广东嘉应开展了"办学特色与地方院校发展论坛"，聚集了30多所地方院校，一起研讨地方大学的办学特色与发展问题，院校领导参与踊跃，纷纷亮出各自的招数。2013年5月，院校研究学会又组织国内50多所院校，在宁波大红鹰学院召开了"建设'教学服务型'高校研讨会"，在该会上，众大学的管理者对"教学服务型"大学的定位、内涵、外延以及发展目标与路径等问题进行了深入探讨，并成立了"教学服务型"大学联盟和地区协作组，计划分片区围绕高校管理与发展的关键问题集中进行谋划和分析。

为了让院校研究能更广泛地在各个地区开展，院校研究会积极鼓励和推进各省成立院校研究分会。2009年10月，四川省高等教育学会院校研究分会成立；2013年4月，陕西省高等教育学会院校研究分会成立，该区域的一批大学校长积极参与学会工作，活跃了院校研究。华中科技大学、大连理工大学等高校的院校研究机构被批准为省级人文社会科学重点研究基地。这些组织带动了当地高校院校研究的深入开展，越来越多的高校从中受益，中国院校研究已初步形成并初具规模。正如原教育部副部长、中国高等教育学会会长周远清所言："院校研究是一个非常有潜力的研究领域，在促进我国高等教育健康发展方面应大有作为。"

数据分析：推进中国高校管理科学化

作者：数据系统是院校研究的基础，在大数据时代，你们做了哪些基础性的工作？

刘献君：数据的缺失是中国院校研究面临的最大瓶颈，推进各级各类高校管理数据库的建设一直是中国院校研究面临的一项艰巨而长期的任务。如何解决这一难题呢？2011年7月，在北京召开的"现代信息技术与院校研究"全国院校研究学术研讨会上，我们提出，中国院校研究要从"初步形成"走向"规范发展"，必须"以信息系统建设为重点，使之逐步走向规范化"。研讨会上，中国院校研究会组织与会代表讨论，形成了《关于建设"国家高等教育综合数据系统"并逐步开放相关信息的建议书》。建议书及时送达教育部及相关部门，并在有关刊物上刊发，目的就是通过由下而上和由上而下相结合的办法突破这一瓶颈，将中国院校研究向规范化推进。即一方面鼓励和帮助各院校在原有业务运行数据库的基础上整合建立院校分析数据库，另一方面通过各种渠道引起上级主管部门重视，呼吁尽快建立国家层面的高等教育管理数据系统。

为了更好地了解和学习美国院校研究数据系统的实际状况，华中科技大学院校研究发展中心派了陈敏和张俊超两位老师，专程到美国院校研究学会总部以及佛罗里达大学、加州大学伯克利分校等进行实地考察，深入各所大学的院校研究办公室，考察其数据管理系统。为满足中国院校研究人员对了解和学习数据系统设计以及数据分析等方法与技术的强烈需求，2012年4月，中国院校研究会在江苏常熟举行了"院校研究信息系统建设和运用学术研讨会"，邀请信息管理系统做得较好的高校介绍经验，并现场观摩了常熟理工学院的"决策支持管理信息系统"。2012年暑假，我们在杭州，与美国海外华人院校研究学会第一次联合举办了"大学数据系统设计与分析"院校研究培训班，邀请的主讲人是在美国高校从事院校研究工作多年的资深专家。为开展这次培训班，中国院校研究学会和海外华人院校研究学会共同准备了一年多的时间，在反复商讨中，一起拟定主题、挑选主讲人。听着主讲人整整三天轮班讲解的嘶哑声音，看着组织者前奔后跑的身影，你会觉得，是一种强烈的责任感支撑着这个院校研究团队，其目标就是——致力于推进中国高校管理的科学化进程。

正是这种负责任的精神，这些踏踏实实的举动，引领着越来越多的高校管理一步步走向理性和科学化。武汉纺织大学的党委书记尚钢是位不折不扣的院校研究追随者，只要时间允许，他一定会参加院校研究的相关活动。在众多场合中，他经常举出各种事例，谈及院校研究对他作为一名大学管理者的影响。以招生事件为例，这所建立于1958年的武汉纺织工学院，1999年更名为武汉科技学院，该校本科招生录取分数线多年保持在比二批次本科高20多分的水平，但2010年更名为武汉纺织大学后，当年本科生录取分数线突然下降，于是学校赶紧想办法找出原因并拿出改进策略。怎么找呢？从数据开始。通过对历年招生生源数据分析，他们发现，该校80%的生源集中来自100多所高中，于是校方立即决定加强对这100多所高中的招生宣传，并通过邀请师生到校参观座谈、举办游学夏令营等方式召回保持住这批生源。该策略的效果显著，改名第二年后，录取分数线回升，第三年更有继续上升的趋势。常熟理工学院更是将这些工作纳入常规化渠道，该校整合各种业务部门数据，建立了以主题分析为导向的综合信息管理系统，如学生综合信息管理与决策系统，就涵盖了学生的基本信息及所有在校期间的动态行为，采用了逐层深入的分级管理模式，让学生管理工作者"一站式"地获取学生所有的在校相关数据，使工作能够"有的放矢"。比如通过监测分析校园卡和校园网络的使用数据，进行学生不在校预警，也可以得到上网过度与消费过度的信息并通过校园飞信平台推送给学生管理者，从而对相关学生进行及时的教育引导，另外还通过对校园卡的消费情况分析为奖助学金评定提供辅助决策。此外，复旦大学、浙江大学、上海交通大学、人民大学、中山大学、上海财经大学等一批高校都逐步建立了统一的数据管理系统，并利用数据系统为学校科学管理决策提供了有效的服务。

立足前沿：开创中国特色的院校研究新篇章

作者：您的团队开创了我国院校研究先河，好多工作具有里程碑意义。十年磨一剑，非常不容易。今后您有何设想？

刘献君：概括地讲，就是立足前沿，开创中国特色的院校研究新局面。近几年，我们研究中心先后派出多名师生到美国高校进行学习考察。2012年10月至11月，我们中心陈敏教授和张俊超副教授受邀到美国院校研究会总部，与美国院校研究同仁商讨合作事宜，并向他们介绍了中国院校研究的历史、现状和特点，随即成立了"中美院校研究合作研究中心"，双方计划在教材开发、培训课程、国际会议等方面进行合作。在美国召开的院校研究会议上，两位教授有关中国院校研究的报告引起美国院校研究同仁的热切关注。他们觉得，作为世界上在校大学生规模最大的国家，院校研究的进展决定着中国高等教育未来的发展。

在这个信息技术发展迅猛的时代，要想从高等教育大国走向高等教育强国，建立现代大学制度、实行科学管理是必由之路，而院校研究，正是帮助中国大学走上这一轨道的必备工具。在大数据的背景下，大学管理变成一种数据支撑的行为科学。正如复旦大学施伯乐教授所言："大数据将是下一个社会发展阶段的'石油'和'金矿'。无论是个人、企业还是国家，谁能更好地抓住数据、理解数据、分析数据，谁就能在下一波的社会竞争中脱颖而出。关于数据的知识，将成为个人知识结构中的必备要素和基础。"

中国院校研究的下一步目标，就是以《教育规划纲要》提出的构建国家教育管理信息系统的任务为契机，在推进不同层面、不同类型院校研究数据库的建设、公开与共享的过程中，提升院校研究人员对数据的分析和应用能力，推动大数据的挖掘与应用。2013年7月在云南昆明召开的院校研究研讨会，其主题就是"院校研究数据分析的对象、内容和方法"。多所高校的实践案例都在透露一种可喜的信息：中国院校管理者们已经开始有意识地为决策和制度制定寻找科学依据，科学管理的氛围正在中国高校酝酿。

"中国大学要建立现代大学管理制度，首先必须改变'拍脑袋'式的主观决策方式和基于经验的管理模式，学会'有问题找数据''用数据说话'，在数据分析的基础上进行有效决策，让决策有理有据，促使现代大学向科学管理转变。"我在众多场合反复强调这个观点。

的确，这是中国大学管理的一场革命，也是这些中国院校研究团队矢志不渝努力奋斗的目标！

作者札记

院校研究大有学问

中国正在经历伟大的变化,中国高等教育也正经历着伟大的变化。中国的市场经济体制改革,中国的高等教育大众化发展以及中国的开放政策所导致的国际化趋势,给高等学校管理提出了前所未有的问题与挑战。正像有的专家所说"高等学校正面临一场管理革命"。

在这场"管理革命"中,高校如何定位,如何发展?这成为新时代高等教育改革发展亟待研究和探讨的重要课题。这种背景下,具有宏观视野和微观操作职能的"院校研究"应运而生。

2000年,华中科技大学成立了全国首家院校发展研究中心,由时任华东科技大学党委副书记的刘献君教授领衔,在全国率先开展院校研究。十余年来,该研究团队帮助全国一批高校的管理走向了科学化轨道。

"如果把一所大学比喻成一辆汽车,那么,领导是驾驶员,院校研究就是这辆车的仪表盘。"这是刘献君教授的比喻,它形象地道明了院校研究与大学及其管理者的关系。

"以前的大学规模较小,高校办学自主权空间也小,就好像是一辆自行车,凭借一定的经验就能骑好;但是现在形势发生了很大的变化,很多学校规模达到万人以上甚至是十几万人，高校也有了较大的办学自主权。管理者们如果还是凭借骑自行车的经验去驾驶一辆乘坐几万人的'大车'，显然是不行的。你必须熟悉车子的现状和性能，出现问题及时解决，才能安全平稳地朝着目标方向驾驶这辆车。""院校研究的作用和功能，就是这辆车的仪表盘。它依靠对高校各个方面的运行现状和历史数据的掌握和分析，就某所高校内部的具体管理问题，进行及时诊断，从而为学校领导的管理决策提供科学依据。"提起"院校研究"，刘教授娓娓道来。前因后果，国内国外发展趋势，都让你听得清清楚楚。

2014年初夏，中国高等教育学会在浙江金华召开全国重大课题"高等教育强国战略研究"，就是在那个会上我见到了刘教授，并且我们面对面比较深入地探讨了"院校研究"这个话题。

进入新世纪以来，我国高等教育进入了快速发展的时期，大变革、大发展，竞争异常激烈，专科升本、本科评估、校区扩张等等，这些前所未有的挑战都需要"院校研究"。我与刘教授的对话文本在《山东高等教育》刊发后，受到读者极大关注，编辑部和我本人收到了许多读者来信。

有位来自福建高校科研处的教授来信说："院校研究大有学问，建议做深入研究，可召开专题研讨会议。"于是我们决定先开辟一个栏目："校院研究"。

今天,我们应该如何应对"慕课"的挑战

——对话教育部科技发展中心主任李志民

专家传略

李志民,男,教育部科技发展中心主任,兼任中国教育和科研计算机网管理委员会副主任,《中国科技论文在线》主编,《中国教育网络》编辑委员会主任,中国高校校办产业协会理事长,高校科研管理研究分会副理事长兼秘书长,中国产学研合作促进会副会长等职务。

李先生1982年毕业于清华大学水利系,1984年获清华大学硕士学位,1984年至1990年留校任教。1990年至1994年赴澳大利亚悉尼大学留学,获博士学位。1994年至1996年在教育部外事司任职,1996年至2000年任中国驻美国大使馆一等秘书、留学生管理组组长。2000年任教育部科技发展中心副主任,中国教育和科研计算机网领导小组办公室主任。2005年12月任教育部科技发展中心主任。

自2003年起,先后创办了"中国科技论文在线"

www.paper.edu.cn,"中国学术会议在线"www.meeting.edu.cn,"中国技术供需在线"www.tol.edu.cn等平台。他是国内比较早地介绍、倡导和研究"慕课"的教育专家之一。

核心观点

- "MOOC 意味着校园围墙正在被打破,优质教育资源的共享已经成为时代的必然,传统意义上的大学职能将会发生颠覆性变化,教育会超出现有范畴,会成为国家文化和软实力输出的重要载体。"

- "可以预见不久的将来,在线教育将会产生爆发式增长,对我国教育管理、人才培养模式提出了挑战,但也给我们提供了改革的契机。互联网与教育的深度融合,不仅能促进教育公平,提高教育质量,同时,也为国家快速实现软实力的输出,提供了更便捷的战略机会。"

- "我们应从中华民族伟大复兴和国家战略竞争高度,人才培养角度,国家文化等软实力输出角度,重视此次互联网与教育的融合带来的在线教育发展机会。首先打破原来的高校管理模式,组织高水平大学制定大学在线教育发展计划,根据各学校专业所长,投入资金扶持各种在线教育的发展与扩张,抢占全球市场,影响全球。"

- "加快互联网运营商之间的互联互通进程,建设免费的国家教育宽带网络,或为在线教育供给者提供带宽补贴,为在线教育的快速发展提供基础网络支撑与保障,为国民提供公平利用在线教育的机会,为建设学习型社会创造条件。"

- "为应对和适应此次教育领域的重大变革,要加强教师的信息化技能培训工作，把中小学教师的信息技术培训作为'国培'中的专项；同时，将其列入'高校国培计划'，专门加强信息技术培训，在最短时间内，快速提高高校教师信息技术利用水平，为在线教育的快速发展做好人才支撑。"

- "尽快组织有关方面专家，根据中国实际国情研究制定 MOOCs、网络公开课、微课程和讲座等教学资源的上网认证标准；针对经过认证的教学类资源制定网上学习效果评价标准；制定诚信和教学质量评估办法；制定课程微证书发放办法，以及各种类学位对课程微证书要求的数量和种类。当然，一定要考虑到与现行学位的等价和衔接平衡等问题，使真正对学习有渴望的人认为这是有价值的学习，社会能够广泛接受网络学习的成果。"

- "互联网时代的教育将是互为师生的时代，学术将迎来开放存取的时代。这是挑战，但也都是机会！"

对话全文

> "传统教室将成为学习的会所;留学不用再走出国门;大学将成为研究院、考试院……"近年兴起的"慕课"(MOOCs,大规模在线开放课程)已在全球高等教育界引发热潮。那么,我们应该如何应对"慕课"对高等教育的挑战?这是亟待思考的问题。对此,笔者专访了教育部科技发展中心主任、中国教育和科研计算机网管理委员会副主任李志民。

今天的"慕课"意味着什么

作者:最近,我们读到您的文章《"慕课"的兴起应引起中国大学的觉醒》,倍感论述深刻,发人深省。这不禁让我们想到一个问题:今天的"慕课"意味着什么?

李志民:现在,"慕课"是一个热点话题,关于它的作用和意义论述很多,我认为如果用一句话来概括就是:"'慕课'带来教学方式的改变。"和传统课堂教学相比，MOOCs 有着独特的优势。在 MOOCs 模式下，传统教室将成为学习的会所，集体做作业、答疑；教室在"云端"，学校在"云端"；教师成为"会所"的辅导员，与学生直接交谈的时间增加；教师以研究为主，优秀教师可能成为自由职业者；学习内容以学生自选为主，考试针对学生的自主选择；课程体量小，分知识点学习，讲课精，可反复学；大班授课转变为小组讨论；教师与学生，学生与学生互为师生；学习过程可在任何地方进行，学习方式灵活；采用数字教材作为辅助材料；推行在线作业、在线考试；学校发证书更加灵活；留学变得简单，甚至不再有留学的概念。

不仅如此，MOOCs 还将影响教育管理。MOOCs 的大规模、开放和在线的特点，为自主学习者提供了方便灵活的学习机会和广阔的空间。MOOCs 不需要有学校的学籍，只要按要求注册后就可以使用大规模开放式网络课程，也没有课程人数限制。这就从根本上打破了传统学校那种层级管理模式。

MOOCs 推出的微证书概念，实质上是大学本意的回归。微证书的推出，使得学习不再是几十个人同一进度，不再有班级的概念。在 MOOCs 的模式下，优秀教师的能量成倍扩散，一门课程可能会有十几万人甚至几十万人注册学习，例如美国杜克大学教授主讲的"思辨的艺术"这门课就有 58 万人注册学习，这在传统的校园、课堂学习环境下是不可想象的。

MOOCs 带来的颠覆性的变化还表现在：一是可以使那些原本无法上大学的群体可以无障碍地学习大学课程，促进教育机会公平；二是课程教学将从一名教师的独角戏逐渐变成教学团队的合作，为了提高教学效果，终将出现"教学导演"职业；课程质量大大提升；加速大学的国际化进程，留学时间变短或不再有留学的概念；弥补知识快速更新中的教师短缺问题等等。

作者：有一种说法："'慕课'就是网络课的翻版，就是过去的网络公开课。"所以,有人叫它"翻转课堂"。对此,您怎么看待?

李志民:从定义上讲,MOOCs 指的是在线提供课程教学的全过程,包括微证书的管理。MOOCs 与以往的网络学院有着本质区别,与网络公开课的区别也很大。上网络学院是有条件的、封闭的,MOOCs 则无门槛要求,是开放的;公开课的本质是教育资源库,课程提供者并不组织教学,自然不会给学习者以评价,而 MOOCs 不仅提供免费资源,而且实现了教学过程的全程参与。学习者在这个平台上学习、分享观点、做作业、评估学习进度、参加考试、得到分数、拿到证书,是一个学习的全过程。"翻转课堂"一般是指在线上学习 MOOCs 课程,教师组织学生在线下讨论和答疑。

大学的网络公开课起源于麻省理工学院,2000 年的时候,该校把校内网络公开课开放到互联网上,让全世界有学习愿望的人都可以自主学习。中小学网络公开课最早的探索者一般认为是孟加拉裔美国人萨尔曼·可汗,在为侄女和侄儿辅导数学功课的过程中,他想到了制作教学视频,让更多学习有困难的孩子享受这一辅导资源。2006 年 11 月,他制作的第一个教学视频传到了 YouTube 网站上,并很快引起了人们的关注。后来,萨尔曼·可汗将这个副业逐渐变成了自己的主业,目前已经在网站上放置了 2300 多段免费课程视频,有 5400 万学生通过网络参与他的课程学习。

如果说萨尔曼·可汗主要还是对学生进行学习辅导的话,科罗拉多州林地公园高中的化学教师乔纳森·伯尔曼和亚伦·萨姆斯则进行了颠覆传统课堂的尝试。从 2007 年春开始,他们把结合实时讲解和 PPT 演示的视频上传到网络,让学生在家中或课外观看视频中教师的讲解,把课堂的时间节省出来进行面对面的讨论和作业的辅导。

在过去的公开课学习中,除了学习者自己,没有人能知道他学了什么,但是"慕课"是不同的,它不仅让别人看到学习者学了什么,还能记录其学习过程,评价其学习情况,检验其准确掌握知识的程度。"慕课"更符合学习的一般规律——学习者主动选择学习内容,学习过程中有辅导和交流，学习之后的效果由第三方检验，进而社会认可学习者的知识水平。由此看来，"慕课"将改变知识传播的原有方式，引发教育领域的一场重大变革，这种变革不仅仅是教学工具的革新，更是教育全流程的再造，甚至是对国家教育主权的挑战。

如果从源头上讲，MOOCs是互联网与教育的融合，是经过多年摸索出来的一个模式。在2012年之前，人们一直探索信息技术与教育结合的方式，但收效甚微。互联网发明后，E-mail（电子邮件）与E-learning（数字化学习）的概念几乎同时提出，但E-mail几乎取代了传统的信函邮件系统，而E-learning仅仅是教育中一个小小的补充。各行各业都受到了互联网浪潮的影响，但是在教育领域，"黑板加粉笔"的传统课堂模式依然牢牢占据主导地位。2006年，比尔·盖茨和乔布斯对话时称："互联网民用发展20年来，几乎冲击了所有领域，而对教育的影响小得令人吃惊！"我认为，这次"慕课"的出现很可能对教育的影响令人吃惊得大。

总之，"慕课"意味着校园围墙正在被打破，优质教育资源的共享已经成为时代的必然，传统意义上的大学职能将会发生颠覆性变化，教育会超出现有范畴，会成为国家文化和软实力输出的重要载体。

"慕课"将对传统大学带来怎样的冲击

作者：刚才，我们从广义的角度，讨论了"慕课"对教学方式的影响。如果单纯从大学这个角度来考虑，"慕课"对传统的实体大学会带来怎样的冲击？未来大学的功能将发生什么样的变化？

李志民：美国某杂志曾刊发一篇文章称"未来50年内，美国4500所大学，将会消失一半"。这是否会变成现实，我们先不去讨论，但是MOOCs将促进大学功能加速转变，这是毫无疑问的。一般认为，现代大学的功能包括人才培养、科学研究、社会服务、文化传承四个方面，其基本功能是知识的产生和知识的传播。由于知识传播的功能被互联网所取代，未来大学的功能主要是知识探索、知识验证、考试认证。在这个意义上讲，大学将成为研究院、考试院。随着信息技术的进一步发展，大学将会虚拟化（数字化），教学和管理将泛在化、全球化。

当然，大学作为文明社会中的重要组织机构，保持了较高的社会地位，而且经久不衰。大学不仅传承了知识文明，也曾经改变了它所处的时代。由于大学的荣誉地位和崇高使命，大学的任何重大变革都会引来保守势力的强烈反对。

作者："慕课"对当下的高等教育有哪些影响？

李志民：2013年2月，Coursera（斯坦福大学教授推出的大规模开放在线课程平台）旗下5门网络课程学分获美国教育委员会的官方认可（在授予学生学分和学位时，美国有超过2000所大学参考美国教育委员会的推荐）。2013年，一位17岁的印度男孩因在edX（哈佛大学和麻省理工学院在线课程平台）提供的"电路与电子学"课程考试得分排在前3%，被麻省理工学院录取。2012年，美国佐治亚理工大学和其他11所大学宣布同Coursera合作，提供线上课程。2013年，该校同Udacity（由初创企业设立的网络在线课程平台）合作，推出计算机科学线上硕士学位，计划2014年开始招生。线上硕士学习历时3年，每个学分仅134美元，不到7000美元就能毕业，这仅相当于佐治亚州州内学生1年的学费，或是州外学生学费的12%。这些例子都说明，MOOCs已经对当下的高等教育产生实质性影响了。学习者的直接受益就是费用减少了，学习时间灵活了，选课方便了，可以挑选教授了。

作者：是不是"慕课"发展到一定程度，就会和传统大学发生生源争夺战？

李志民：MOOCs 的兴起，叩问传统大学：如果学生能用极低的费用在网上完成学业，提高自身素养，大学就必须向社会证明，他们所能提供的课堂教学与考试的价值何在？人们为此付出高额学费的意义何在？

在教育生态向开放转型的新形势下，一个越来越重要的事实就是，学习者追求的是学习效果而并非学历结果。这将是不言而喻的。

作者："慕课"在全球范围内发展情况如何？

李志民：目前全球有几十个国家在积极推进 MOOCs，包括美国、英国、日本、澳大利亚、巴西、中国，等等。一份北美教育机构的 MOOCs 趋势分析认为，到 2016 年，北美地区 43% 的高校将提供 MOOCs 课程。

目前全球比较成规模的 MOOCs 三大平台中，在合作模式上，Udacity 不与高校结盟，而是与教师合作，与部分高校在学分认可和学位授予方面合作，致力于发展成取代传统大学的具有知识传播功能的机构组织；Coursera 与高校结盟，由学校开发课程，鼓励学分互认，有志于创建一个全新的大学系统；edX 只与各国的顶尖高校结盟，协助学校开发课程，并设有网上虚拟实验室，学习者可以进行模拟实验，主要是研究采用线上和线下混合的教学模式以提高教育质量。三大平台在学习模式、教学模式、课程评估、学生诚信要求、微证书的发放等方面各有差异。从目前的商业和运作模式来看，Udacity 以营利为目的，以提供培训技能证书为主；Coursera 是在营利或非营利之间徘徊，在超过 40 个国家运营服务；而 edX 的目的是探索如何用信息技术提高教育质量，更多的是科学实验，不以营利为目的。

作者："慕课"为何在全球发展如此快速？

李志民：我觉得有四个方面的原因：一是 MOOCs 课程的教学模式已基本定型，使得照此模式批量制作课程成为可能。二是出现了多家专门提供 MOOCs 的平台，降低了高校建设 MOOCs 课程的门槛和经费投入，也刺激了更多的一流大学加入 MOOCs 课程内容提供者的行列。三是普通老师自己制作 MOOCs 课程成为可能，短时间内有众多高校教师加入。四是大量风险基金和慈善基金进入。如今，一些大学开始接受 MOOCs 的微证书，承认其学分。

我觉得最重要的原因还是方便了学习，提高了效率，为更多人提供了公平受教育的机会，再加上满足了很多人扩大知识面的需求，因此而受到了欢迎。

如何迎接"慕课"带来的挑战

作者：从上面我们的交流看，"慕课"对当下高等教育的影响已经显现。那么，高校自身如何来积极应对？

李志民："慕课"对当前高等教育的影响是深刻的，带有挑战性的。我曾多次讲过："大学新的社会功能如何定位？大学能不能成为知识创造的源头、学习效果的评估者、学生学习动力的促进者和学习环境的设计者？这些都是亟待我们思考的问题。"

作为大学来讲，怎么迎接"慕课"带来的挑战？我认为，要通过自身变革来积极应对。刚才，我们已经讨论过：由于知识传播的功能部分被互联网所取代，未来大学的功能主要是知识探索、知识验证、考试认证。随着信息技术的进一步发展，高等教育必须通过变革来应对。

作者：通过哪些变革呢？

李志民：首先，要加速高等教育国际化进程。MOOCs 的出现真正体现了高等教育的国际化，不分国籍都可以注册，只要申请并考试通过都可以获得课程微证书。这种浪潮已经涌向了全球，一些国家和地区都有很强的使命感驱使他们面对和参与。对于中国来说，MOOCs 不仅要满足中国人不出国就可学习国外课程的需求，也需要考虑如何让本国的课程上网让外国人学习，让中国的文化走向国际，这是个很大的问题。

人类的学习大体可分为三类：第一类是人际交往类的学习，这一类的学习主要靠模仿和习惯养成，学习的环境很重要，有了好的学习场景，学习效率就会很高。第二类是知识传承类的学习，这一类的学习靠师传面授，需要前人对知识进行规律性的总结、推导、归纳、系统分析、约定认知等，对这类学习而言，课堂教学效率比较高。第三类是文明发展类的学习，这一类的学习需要系统的基础知识，需要灵感和洞察力、想象力，需要有批判精神，需要相互讨论、启发等，也需要实验场地、仪器设备、模型验证等。

从学习分类情况看，对于第一类人际交往类的学习，如语言学习、礼仪习惯、品德养成等，MOOCs 可以设计和模拟真实的环境，通过在线学习可以做到比原来只在教室内学习的效果好；对于第二类知识传承类的学习，如文字、文学、数学、逻辑、运筹等，MOOCs 提供了多个世界著名的教师讲授的同一课程，学习者根据自身条件选择其一，其学习效率可以想象，比原来只能在注册学校选课要高很多；对于第三类文明发展类的学习，如科学知识、工程技术、哲学、生命科学、行为科学等，受场地等条件的限制，MOOCs 基本上不能发挥有效作用。

作者：从学习的形式来看，是不是"慕课"更适合高等教育？

李志民：是的，整体上看，MOOCs 更适合高等教育，其学习者是成年人，有主动学习的渴望，具备应用网络的基础知识和能力。无论哪一类学习，MOOCs 的大规模、开放共享、基本免费和无国别限制，使留学变得简单或不再有留学的概念。面对全球 MOOCs 浪潮，我们必须有所行动。如果中国人都去学国外大学的 MOOCs，这对中国高等教育的冲击会很大。

作者：从根本上讲，"慕课"给学习者带来了从未有过的便利和自由，体现了"以生为本，以学为主"的价值取向。迎接"慕课"的到来，是不是要自觉变革传统的学习文化？

李志民："慕课"会倒逼学习方式变革。现在，自主式学习文化已经显现。自主学习是一个渐进的过程。确实，过去我们的教育体系一直是"组织安排，家长安排"，不过这并不意味着自主学习热情的低落。以网络学院的发展为例，2000 年前后是中国继续教育学院发展最快的一段时间，其原因在于，那段时间相应年龄段的很多人因为没有接受过正规大学教育，有很强的自主学习意愿。

MOOCs 提供的课程是多样化的，其用户是多种多样的，MOOCs 提供了主动学习的技术工具和学习资源等条件。有的人拥有名校情结，希望获得名校学位；有的人则是在工作之后需要"充电"，很多大学生毕业参加工作之后，发现缺少某些课程的学习，他可能并不需要证书，而需要补充学习。所以，主动式学习的文化必将得到进一步的显现。要注重和建设主动式学习文化，这是积极应对"慕课"挑战的重要措施。

作者：当主动式学习文化建立后，课堂教学变革便显得特别重要。请您谈谈"慕课"形势下课堂教学应如何进行深层次变革。

李志民：课堂教学的深层次变革，是积极应对"慕课"挑战的又一举措。这需要高校教师做好角色定位。与 MOOCs 伴生出来的一种结合了课堂教学与在线学习的混合教学模式 SPOC 将快速发展，这种模式重新定义了教师的作用。课前，教师根据教学目标整合各种线上和线下资源，并先深入学习理解，然后，教师把整理出来的 MOOCs 视频材料当作家庭作业布置给学生。课堂上，教师像学生一样观看视频，组织学生研讨，回答学生们的问题，评估学生已经掌握了哪些知识，哪些知识点还没有掌握，为学生随时提供个性化指导，在课上与学生一起处理作业，共同解决学习中遇到的难题。

其次，学校要做好功能定位。今后的大学生是与网络共生的一代，是"数字原住民"，大学生渴望受教育的知识面宽广，教育生态正在向开放转型，学习者追求的是学习效果而非学历结果。在这种情况下，大学需要思考：大学究竟是什么？是成为学习效果的评估者，还只是靠政府授权成为学位的授予者？大学将如何迎接这样的挑战并进行新的社会功能定位？这些都需要大学通过实践探索做出回答。

也许你认为 MOOCs 将会改变和颠覆传统大学的社会功能是缺乏常识的无稽之谈，但想想电子商务的发展初期，很多人都认为在网上买鞋子、买裤子是天方夜谭；几年之前，谁敢想象数码相机能够取代胶片相机？今天电子商务的发展如火如荼；数码产品层出不穷；传统媒体不断倒闭；更重要的是我们的新一代学习者是与网络共生的一代，他们更注重学习效果而非学历结果。假如我们今天的教育已经给受教育者提供了每门课程的微证书，我们的企业会不会招聘员工时只要求某个岗位要完成相关的几门课程证书，而不是要求某某大学的毕业证书？国营企业也许不会，但民营企业一定会。明天呢？

迎接新事物、新挑战，最重要的还是观念的更新。过去，人类文明从石器时代走到青铜器时代，并不是因为我们的祖先把石头用完了。今天，人们不用胶片相机了，改用数码相机，也不是因为柯达公司的胶片技术不够先进。今后，学生不到教室上课了，并不是因为大学的排名不够靠前，院士名家不够多，等等。一切皆因技术促进人类文明走上新的台阶，技术的发展和资本的贪婪是任何势力也阻挡不了的，新的文明曙光已经照耀，我们只能及时转变观念。

作者札记

三大印象

激情、开朗、真诚,这是我采访李志民主任后的三大印象。

"现在,'慕课'是一个热点话题,关于它的作用和意义论述很多,我认为如果用一句话来概括就是:'慕课'带来了教学方式的改变。和传统课堂教学相比,MOOCs有着独特的优势。在MOOCs模式下,传统教室将成为学习的会所,集体做作业、答疑;教室在'云端',学校在'云端';教师成为'会所'的辅导员,与学生直接交谈的时间增加;教师以研究为主,优秀教师可能成为自由职业者;学习内容以学生自选为主,考试针对学生的自主选择;课程体量小,分知识点学习,讲课精,可反复学;大班授课转变为小组讨论;教师与学生,学生与学生互为师生;学习过程可在任何地方进行,学习方式灵活;采用数字教材作为辅助材料;推行在线作业、在线考试;学校发证书更加灵活;留学变得简单,甚至不再有留学的概念。"

这样时尚鲜活、富有激情的话语,你很难想象是出自一位工作近40年的资深教育家之口。他1982年毕业于清华大学水利系,1984年获清华大学硕士学位并毕业留校任教;20世纪90年代初赴澳大利亚悉尼大学留学，获博士学位并到教育部外事司任职；然后任中国驻美国大使馆一等秘书、留学生管理组组长；2000年任教育部科技发展中心副主任、中国教育和科研计算机网领导小组办公室主任；2005年12月起任教育部科技发展中心主任。就是这样一位资历深厚的高教专家，却一点儿"官架子"都没有，更没有一点儿"官腔"，并且非常开朗。谈到"慕课"对未来的挑战时，他讲得极其"新潮"：

"迎接新事物、新挑战，最重要的还是观念的更新。过去，人类文明从石器时代走到青铜器时代，并不是因为我们的祖先把石头用完了。今天，人们不用胶片相机了，改用数码相机，也不是因为柯达公司的胶片技术不够先进。今后，学生不到教室上课了，并不是因为大学的排名不够靠前，院士名家不够多，等等。一切皆因技术促进人类文明走上新的台阶，技术的发展和资本的贪婪是任何势力也阻挡不了的，新的文明曙光已经照耀，我们只能及时转变观念。"

通过采访，我们成了真挚的朋友。他平易近人，乐于助人。面对朋友的请求，只要他能办到的，都欣然应允，而且说到做到，干脆利索。我受山东大学、山东商业职业学院等高校的委托，邀请他到校讲课，他皆兑现了自己的诺言，他的每一次真诚演讲都受到广大教师的热烈欢迎。

高校如何去行政化
——对话中国矿业大学（北京）副校长姜耀东

专家传略

姜耀东，男，1958年12月生，江苏省海安县人。1982年7月毕业于中国矿业学院力学师资班并留校工作，获固体力学硕士学位和采矿工程博士学位，现为中国矿业大学（北京）教授、博士生导师。2002年起先后任中国矿业大学（北京）科研处处长、研究生院常务副院长、校长助理，2008年3月起任副校长。是第十二届全国政协委员、第十二届全国政协人口资源环境委员会委员。

姜耀东教授多年从事工程力学、岩石力学理论与采矿科学技术研究，1994年至1997年期间在澳大利亚矿业领域工作。他作为负责人或主要参加者先后承担了澳大利亚重点自然科学基金（LARC）、国家"973项目"、国家自然科学基金重大项目、国家科技支撑计划项目、博士点基金等纵向、横向科研项目40余项，其研究成果均达到国内外先进水平。目前他已在国内外学术刊物和学术会议上发表论文 80 余篇，合作出版专著三部；作为项目负责人获省部级科技进步二等奖 3 项；被评为煤炭部专业技术拔尖人才，享受政府特殊津贴。

姜耀东教授还从事采矿科学技术领域的高级人才培养和国际交流合作，曾组织了在国际上产生较大影响的"计算机在矿业中的应用"国际学术大会，负责编辑的 2 本论文集均由国际著名出版社 A. A. Balkema 出版；兼任国际学术杂志 Mineral Resources Engineering（MRE）和 Geomechanics and Engineering 编委、中国矿业大学学报编委副主任、国际著名 SRK 咨询公司高级顾问。

姜耀东教授目前为北京市党外高级知识分子联谊会理事，北京市第十三届人大代表。在全国"两会"上，他是较早呼吁"高校去行政化"的专家。

核心观点

- "不去行政化,大学就没办法办下去了。但依目前的情势而言,还没有完全去行政化的条件。长久以来,困扰中国教育界乃至整个社会的'钱学森之问',也是对高校行政化的质疑。高校校长有级别,大家都想当官,谁还愿意安心做研究?政府把高校的人事权和财政大权都掌握了,导致高校领导只能唯上,不然不仅学校没经费,自己饭碗也可能不保。某种程度上,中国只有一所大学,就是教育部大学,我们都是分院。"

- "高校去行政化本质上来说就是政校分开,管、办、评分离,对高校的自主办学放权。高校去行政化迫切需要解决政府与高校的边界问题,政府要厘清学校应该有什么权利和义务,政府应该有什么权利和义务,一定要把政府与高校的责权边界搞清楚。"

- "从目前来讲,公立大学要实现去行政化,就要实行'管、办、评'分离。政府是出资人,有责任管理大学,但是如何办大学不要具体去管。另外,大学办得好不好,应该由第三方来评价,不应由政府来评价。现在政府管着大学,又来评价大学,在某种程度上就像我们讲的'既当教练员,又当裁判员',很显然是不合适的。'管、办、评'应该分开,'管'是政府对高校实行宏观管理,制定指导性的评估指标体系;'办'是校长负责办学;'评'是充分调动社会组织的积极性,承担起高校评估工作。这样，所有高校不必按照一个模子去发展，从而办出特色学校。但是，我们现在还没有形成机制。"

- "目前大学只能由政府拨款，但是政府给一个大学拨多少钱，应该有一个高等学校拨款委员会来做，而不是政府来做这个事情。委员会应该按照社会评价的标准和大学总体需求来决定拨款的多少，这样可能会相对公平一些，能够让一些大学有自己的特色，能够更好地发展。"

- "坦率地讲，除了政府的行政化外，我国高校的管理水平普遍不高也是一个明显短板。办学自主权的扩大对高校而言既是机遇，更是挑战。大学需要在完善内部治理上下功夫，强调权力与责任义务相匹配，加强大学内部的科学决策和民主管理，接受社会的监督和问责。"

对话全文

> 党的十八届三中全会提出要"加快事业单位分类改革,加大政府购买公共服务力度,推动公办事业单位与主管部门理顺关系和去行政化,创造条件,逐步取消学校、科研院所、医院等单位的行政级别"。
>
> 如何推进高校去行政化?有哪些问题亟待解决?有哪些顶层设计需要完善?这些都成为当前社会各界关注的热点话题。笔者带着这些问题采访了全国政协委员、中国矿业大学(北京)副校长姜耀东教授。

"中国只有一所大学",一石激起千层浪的缘起

作者:您在今年"两会"开始时的一句"中国只有一所大学",立刻把"高校去行政化"这一问题引成了全社会关注的热点,当时是怎么回事?

姜耀东：那是 3 月 2 日我去会议驻地报到时，一进门即被记者围住了，从门口到房间一路上提问，有问对云南"3·1"恐怖暴力事件看法的，有问对高校自主招生看法的，有问对高校去行政化看法的，等等，我都一一做了简短回答。待放下行李后，其中有一个记者要求我多谈一点关于高校去行政化问题。坦率讲我对这个问题还是有些思考的，我就从改革开放以来我国由高等教育小国变成高等教育大国，在人才培养和科学研究方面所取得的成绩，在满足国家经济建设和人民群众对高等教育的需求方面的贡献等方面，对我国高等教育 30 多年来的成绩进行了阐述。同时我也指出了目前存在的问题，主要是高校行政化问题，并分析了它产生的原因和导致的后果。结果第二天媒体上就出现了"大学副校长：中国只有一所大学，是教育部大学"这样的标题。

作者：这样的标题确实是够吸引眼球的，整个报道很短，但引起的社会反响很大，全文如下：

- 不去行政化，大学就没办法办下去了。但依目前的情势而言，还没有完全去行政化的条件。
- 长久以来，困扰中国教育界乃至整个社会的"钱学森之问"，也是对高校行政化的质问，高校校长有级别，大家都想当官，谁还愿意安心做研究？
- 政府把高校的人事权和财政大权都掌握了，导致高校领导只能唯上，不然不仅学校没经费，自己饭碗也可能不保。
- 某种程度上，中国只有一所大学，就是教育部大学，我们都是分院。

姜耀东：是啊，全文四句话，不到 200 字，能引起全社会如此关注确实是始料不及的。许多人还为此写了大块的评论和思考文章。

作者：为什么会引起社会如此关注呢，是因为"雷人语言"吗？

姜耀东：我想问题可能不是这么简单，有几个方面的因素：一是教育问题一直是全社会关注的问题，教育问题的核心有两点，教育经费的投入保障和如何办教育。过去多少年"两会"一直呼吁教育经费的保障问题，现在政府兑现了占GDP4%的教育经费投入，自然就会关注"教育如何办"的问题了。第二是党中央明确要求"逐步取消学校、科研院所、医院等单位的行政级别"，摒弃官僚化，让学校回归教育本位，让高等教育返璞归真也一直是社会各界的期盼。第三是尽管报道的全文不足200字，但指出了高校行政化问题的关键所在。

其实"中国只有一所大学"并不是我的发明，早在2010年中国人民大学张鸣教授就在南方网发表了《中国只有一所大学》的评论文章，2011年我参加教育部高校领导赴英国考察高等教育的活动时大家也经常这样开玩笑。

我讲不去行政化大学就没办法办下去，是指不去行政化，建立现代大学制度、提高大学培养人才的质量没法保障；我讲某种程度上中国只有一所大学，是指我国各大学模式趋同问题，由于大学校长有级别，政府掌握高校的人事权和财政权，也必然导致高校内部的管理行政化。行政对教育的过度干预，导致了一系列诸如资源分配不公、学术腐败、官僚之风盛行等问题的出现。所以只有首先摒弃政府对高校的行政化管理方式，才能更好地推进高等教育的全面深化改革。

社会对"中国只有一所大学"的关注，其实是对教育去行政化的关注，是对党中央正在领导的全面深化改革这一重大问题的关注。

当前去行政化最迫切的问题：厘清政府与高校的责权边界

作者：高校去行政化应该说是近年来教育界乃至全社会广泛关注的热

点话题,《国家中长期教育改革和发展规划纲要（2010—2020年)》提出,"探索建立符合学校特点的管理制度和配套政策,逐步取消实际存在的行政级别和行政化管理模式"。党的十八届三中全会更加明确提出"逐步取消高校行政级别和高校领导的行政级别"。可以看出,中央正在一步步地推进这一目标的实现。您从事高等教育管理工作多年,作为一名高校的负责人和高等教育界的专家,您如何看待高校去行政化这个问题?

姜耀东:高校去行政化从本质上来说就是政校分开,管、办、评分离,对高校的自主办学放权。现在来看,高校去行政化迫切需要解决四个方面的问题。

第一,政府要厘清学校应该有什么权利和义务,政府应该有什么权利和义务,一定要把政府与高校的责权边界搞清楚。现在很显然这个边界并不清晰。

中国现在大概有2600多所高校,其中普通高校2300多所,成人高校约300所,具体的数字总是在变化。教育部所属高校只有72所,这72所高校相对来说还好一些,行政化倾向有所改善,教育部也正在推进"去行政化"这个事情。比如,教育部要求每个高校在2015年都要形成自己的章程,目前已经有6所部属大学出台了章程,目的之一就是要厘清政府和大学之间的关系。我看到教育部公布的6所大学的章程中,尽管条款众多但缺乏个性,只有中国人民大学明确规定学校学术委员会主任不能由校长担任。坦率地讲由于政府掌握了高校的人事权和财政大权,有没有章程都是那回事。这就导致权力边界没有厘清,因为在我国,只要人权和财权被政府控制的话,高校基本上就没有特别大的自主权了。

政府与高校的责权边界没有厘清,这一点在地方高校体现得更为明显。我经常讲,校长是大学的灵魂。但是有的高校在地方政府眼中就是一个司局级单位,某个同志职务不好安排了,就派到高校当领导。如果大学校长对学校原来的特色不是很理解,或者不是内行,很显然这种做法会影响学校的发展。

第二，从目前来讲，公立大学要实现去行政化，就要实行"管、办、评"分离。政府是出资人，有责任管理大学，但是如何办大学不要具体去管。另外，大学办得好不好，应该由第三方来评价，不应由政府来评价。现在政府管着大学，又来评价大学，在某种程度上就像我们讲的"既当教练员，又当裁判员"，很显然是不合适的。"管、办、评"应该分开，"管"是政府对高校实行宏观管理，制定指导性的评估指标体系；"办"是校长负责办学；"评"是充分调动社会组织的积极性，承担起高校评估工作。这样，所有高校不必按照一个模子去发展，从而办出特色学校。但是，我们现在还没有形成机制。

第三，目前大学只能由政府拨款，但是政府给一个大学拨多少钱，应该有一个高等学校拨款委员会来做，而不是政府来做这个事情。委员会应该按照社会评价的标准和大学总体需求来决定拨款的多少，这样可能会相对公平一些，能够让一些大学有自己的特色，能够更好地发展。

第四，坦率地讲，除了政府的行政化外，我国高校的管理水平普遍不高也是一个明显短板。在我国大学权力结构的变革中，长期以来面临"一统就死，一放就乱"的矛盾，是因为大学尚未建立起自主发展和自我约束的机制，作为完善现代大学制度的"突破口"的大学章程还没有真正发挥作用。办学自主权的扩大对高校而言既是机遇，更是挑战。大学需要在完善内部治理上下功夫，强调权利与责任义务相匹配，加强大学内部的科学决策和民主管理，接受社会的监督和问责。

从目前我对高校去行政化初步的理解来看，以上这四个方面都还没有做到，这应该是今后努力的方向。尽管我们的大学去行政化往前走了一步，但是距离真正的自主办学，真正的按照大学章程办学，还差得比较远。

作者： 您讲得很现实、很深刻。当前，的确是政府和学校的职责不明确。要解决这个问题，这应该是一项系统工程了，仅靠教育部门自身恐怕难以完成。

姜耀东：是的。我刚才讲的所有问题，并不是教育本身有能力解决的。比如，现在有39所是通常所说的"副部级大学"，副部级大学校长、书记，是由中组部直接任命的。如果我们就在教育内部谈高校去行政化的话，这个问题永远解决不了。

我再举个例子，你看在1991年成立的香港科技大学，成立的时间不长，但按照现在大学制度建设一下子就变成了一所非常好的大学。深圳也想搞一个南方科技大学，政府也有钱，请了很有名气的校长朱清时，但是这么多年过去了，又怎么样呢？这就是行政化的后果。

一个国家、一个民族有没有前途，国民的素质很关键，国民的素质从哪里来？靠教育。我们经常讲，我们实现中华民族复兴的梦想，关键是教育。怎么搞好教育？一个大学从表面上看，校长是副部级、是司局级，实际上在某种程度上是降低了大学的作用。你在美国可以看到，美国的国务卿，甚至总统下台以后，要想到哪个大学去当校长，他们是当不了的。这实际上说，大学校长有级别表面上是对你尊重，好像给的级别很高，实际上是降低了校长的地位和作用。

我们有许多政府官员经常有这样一种想法，觉得自己多为老百姓负责，老百姓听话就可以了，按照我的做法来就行了。其实，这样并没有把老百姓的创造性激发出来。大学也是这样，你把它管住了，很显然它的创造性就没有了。所以，政府要做的是把大学的创造性调动起来，包括更深层次的创新、创造活力。

包括我们的思想政治教育，我一直觉得有很大的提升空间，这是我经常思考的问题。就说我的家庭吧，我们家还是比较开放的，从来不会过分约束孩子，我们彼此非常平等。我感觉到，对孩子的某一个现象去教育的时候，如果一直啰啰唆唆，他就会很反感。我就想，我们现在对孩子的教育，包括我们习惯灌输的思想政治教育，它的效果到底怎么样？至少我们在某种程度上，充当了啰啰唆唆的母亲的角色，使得孩子反感。所以说，我们对学生进行思想政治教育，要考虑哪个方式最有效。

*作者：*是这样，方法和途径很重要，要搞清楚"究竟怎样做才最有效"。

*姜耀东：*去年政协在搞一个宣传，主题就是加强青少年生态文明教育，讲生态文明教育要从孩子抓起，搞了一个活动叫作"小手拉大手"，当时我提出一个观点，我们的"大手"本身的生态素养不高，才是导致目前环境日益恶化的主因。我列举这个例子是想说明一个更为重要的问题，那就是看待问题不要就事论事。

其实，再向更深层次的原因分析一下，这不仅仅是高等教育去行政化问题，就像习近平总书记讲的那样，是国家治理体系和治理能力的问题。我们小的时候，毛泽东主席、周恩来总理就在讲"四化"，这是中国人的梦想，我们要实现工业现代化、农业现代化、国防现代化和科技现代化。现在这四个现代化往前跨越了一大步，但是要往更好的方向和更高的标准走下去，核心是要实现国家治理能力的现代化。目前我们所遇到的这些难题，包括教育问题、科技问题、医疗问题、反腐问题等等，都是政府在治理能力方面还没有达到一定高度，我们应该从这样一个高度来理解，不是说教育部本身的问题，而是现有的体制特别是国家管理体制需要完善。

从长远考虑必须搞好顶层设计：推进国家治理现代化

*作者：*刚才提到国家治理现代化的问题，这个问题确实非常重要。请您敞开心扉谈一谈，有哪些方向性和政策性的建议？

姜耀东：我特别赞同习近平总书记提出的国家治理能力现代化，这个认识非常有高度，只有从这个高度上认识问题，才可能比较好地解决高等教育去行政化的问题。比如，贪腐问题，从根本上讲还是治理问题，就是说要"把权力关进制度的笼子"。有些贪官，在犯错以前应该说都是些好同志，否则他们不可能走到一定的位置，他们都是很有能力的人。为什么后来他们犯错误，甚至走向了犯罪？这一定程度上就是在制度管理层面出了问题。只有这么理解，才可能把高校去行政化的问题真正解决。有时候教育部的同事讲，你们学校自己按照大学章程去办就可以了。但事实不是这么回事，没有这样简单，为什么呢？整个外界环境还没有弄清楚，怎么可能自主办学？这是自主不了的。

我现在特别能理解，这次政府工作报告里面，李克强总理讲到77次改革，他说："我们要以壮士断腕的勇气去改革。"为什么？因为到了这一步，都涉及利益集团的问题，现在利益集团在左右国家的政策，这是非常明显的。如果不壮士断腕，不把这些问题解决，从教育界本身就教育论教育，怎么改变？这是不可能的。这里面很多事情都非常明显，教育界本身面临着很多问题。

教育问题很复杂，是个系统工程。既要讲共性，又要讲个性，而且诉求和利益也不一样。有的人说，我的孩子要上好的大学；有的人说，我的孩子有特长。怎么因材施教？还有人讲，我的孩子文科比较好，他就想写作品，如果你非要让他考数学，他就没有办法去做好。按照我们现在的标准，钱钟书都不可能上大学。这都是方方面面的问题，这么多的问题，很显然政府要管只能是统一去管，如果统一去管，就只能把它管死了。这就是问题的核心所在，你可以从这个角度来理解，十八大提出了一个重要的核心命题，就是要让市场来决定资源配置。但是，从目前我们具备的条件来看还差得很远很远，这是一个非常漫长的阶段。

作者：确实如此。国家治理现代化是一项系统工程，需要顶层设计，也需要协同配合。就高等教育领域的改革而言，也需要有关各方的共同努力。

姜耀东：是这样的。我也一直在思考这个问题，我们要努力实现国家治理现代化，其中很重要的一个基础是法律、法规的健全，但目前我们还不健全。举一个最简单的例子，比如，在北京或者济南，如果2007年以前买房子，和现在没买房子的人相比，差别就很大。那时候，很多人没有想到房价会涨得那么快，使得老百姓中没有买房子的人意见特别大。即使买了房子的人也不高兴，总在想我如果那时多买几套就好了。房子买少的人也不高兴，没有买到房子的人更不高兴，这很显然就是国家管理的问题，这个问题不解决就会造成社会不稳定，主要是社会财富的分配不公平、不公正，不公平、不公正就会造成社会不稳定。

对于政府来讲，就需要把这个问题解决。要让老百姓信任政府，要让社会和谐，财富分配就一定要公平，一定要让每个人都有希望。如果这个社会能够做到，每个人通过奋斗都有希望，能够达到他的理想，这个社会就相对比较和谐。政府应该想办法把阶层固化的现象打破。

比尔·盖茨为什么要搞一个基金会？他并不是不想把财富给他的孩子，而是他遗传不下去。所以他搞了一个慈善委员会和基金会，去做点公益事业。这让我想起，国家治理现代化里面，首先是法规制度方面，目前我们还差得很多。所以说我们不要光看表面现象，要更深层次地思考。不要简单地谈高校去行政化，而是去思考国家怎么管理，这个管理包括方方面面的问题。

作者：是这样的，很多时候，我们形成了对社会现象的惯性思维，却往往忽略了思考表象背后的东西。

姜耀东：前一段时间我和《人民日报》的一位科技报道作者开玩笑

说:"谈到科技我就有一个想法。"他说:"什么想法?"我说:"我经常在思考,当一个民族不重视科技进步的时候,评奖非常重要,它可以唤醒民族重视科技的意识。但如果一个民族,到了每个人都想评奖的时候,这个评奖制度就应该取消掉了。"这是目前科技评奖的现状,国家开展科技评奖三十多年了,每年国家科技进步奖都有二百个左右。这种政策一定程度上导致了科技人员不可能安下心、静下心来,老老实实做学问。为什么科技界浮躁?归根到底还是制度造成的,这种制度只能引导科技人员一个劲儿地去跑关系拿项目和报奖。因此现在像这种制度必须要取消。

但是现在取消得了吗?从国家体制和机构来讲,上有国家奖励办公室,下到每个省市都有科技评奖办公室。首先,如果想取消这个制度,涉及的这些人肯定不同意,这不就等于剥夺他饭碗吗?其次,领导也下不了这个决心,如果取消了,大家会不会说领导不重视科技进步呢?实际上,评奖制度和重视科技进步是两码事。还有一些利益获得者会说:"这不能取消,这个评奖非常重要。"但是你看发达国家有多少还在评奖?我们为什么评了三十多年还在评呢?

类似的还包括人才制度,我们科技界总是在树标兵,把人分成了三六九等。比如,李教授和王教授两个人差不多,因为科技成果很难衡量不同的专业谁的贡献大,谁的贡献小。但是一个评上了院士,一个没评上,待遇就会差得很大。王教授评上了院士,这当然是好事,那李教授自然就不高兴了。而评上院士的人毕竟是少数,这就必然会引起多数不高兴。总是讲要树立几个标兵,要抓几个科技人才,这就是国家治理现代化没有达到的一个表现。

从西方社会来讲,即使获得诺贝尔奖,那个教授到了学校以后,没有任何特别的地方,会给他一个免费停车位,没有人告诉大家说,这个教授很有名气,做了很多贡献,这个车位就是他的,其他人不能把车停在这里。他们是很理性的。

我刚才讲的国家治理现代化体现在方方面面,存在很多方面的问题,都要改变我们的思路，使得我们这个国家能更好地往前发展。我经常开玩笑讲，一个家族要成为贵族的话需要积淀，有钱并不一定都是贵族，有可能是机会来了，一下子就有钱了，你可能只是暴发户。用现在的话来讲，就是土豪。但是一个家族要成为贵族，要经过好几代人。

作者：至少要三代。有一句话叫作"一夜成暴户，三代出贵族"。

姜耀东：国家也是这样。我们通过三十多年的改革开放，走过了人家差不多二百年走的路，一下子使我国经济总量达到世界第二。但是在某种程度上，要成为一个优秀的民族、一个真正发达的国家，可能要从国家治理方面下大功夫。要使每个人都有素质，举止高雅，使得这个社会非常和谐，使得每个人都有高尚的追求。

我们这代人对这句话都非常熟悉：毛主席教导我们，要做一个高尚的人，一个纯粹的人，一个脱离低级趣味的人，一个有利于人民的人。但是现在你看我们很多人，包括知识分子，还有很多高级官员，好像在素质方面还都没有达到这一点。这就是说，我们现在需要加强精神方面的追求。我记得美国有一些智囊团，他们认为未来的中国没有希望，其中有一个重要的依据就是中国人现在没有追求和信念。

作者：他们说，中国人不可怕，因为他们没有思想、没有文化。

姜耀东：他们从另一方面来提醒我们要注意。关于国家治理现代化，我还可以举出很多很多例子，它体现在方方面面，这些都需要管理人员来思考，来改变我们原来治理国家的方式，只有这样才可能把这个国家的方方面面管理好，使得这个民族真正在将来有希望。

我们也经常思考：政府如何管教育？教育界应该怎么做？按道理说，政府应该管什么？应该管公平、公正。但是事实上，政府在管公平、公正的时候，还在管标杆。你可以看出，好的大学、好的中学都在政府这里，好的小学也在政府这里。从另外一个角度，作为一个公民来讲，既然好的学校是政府办的，为什么我的孩子就不能去上？所以政府应该管公平、公正，应该关注老百姓最基本的需求。

如果老百姓想要更好的教育，就应该把民办教育搞起来。很显然我们离这一步差得比较远，我们的民办教育很弱。尽管我是在公办学校，但是我一直在呼吁，希望民办教育可以发展起来。打个简单的比方，市场化以后，你钱多一些你买奥迪，我钱少一些我买桑塔纳，大家心里都比较平衡。教育也是这样，政府应该把最基本的教育管住，把老百姓最需要的教育管住，如果想接受更好的教育，就花更多的钱，这样老百姓的心态就会平衡一些。从目前的形势来看，离这个目标还有一定差距。所以习近平主席谈改革时讲：好吃的肉都吃掉了，剩下的都是硬骨头。这在方方面面都体现出来了。

谈教育的问题，如果离开了国家治理现代化这个理念，肯定做不好，这是我的一个思考。

用教育生态的视角审视：必须大力发展民办高等教育

作者：刚才您谈到民办高等教育的发展问题，它要发展起来，对去行政化确确实实有所帮助。现在有一个问题，在教育部的文件上或者在领导的讲话当中，对民办教育是积极扶持发展的，但现实是不平等的。从社会上来看，有人对民办高校好像还是对待三等公民一样，请您谈谈您的看法和思考。

姜耀东：我刚才已经讲了，中国高等教育要真的发展起来，民办教育一定要发展起来，只有民办教育发展起来以后，才可能完全把整个教育的事情做好。如果仅靠公办教育，我感觉将来的教育总是做不好。我在这次会议中有两个提案,其中一个提案就是呼吁扶持独立学院,即怎么支持独立学院,然后把它办好的问题。

大概在 2003 年,为解决我国高等教育大众化过程中的资源不足问题,教育部出台了 8 号文件,鼓励支持民间资本与优质本科高校合作创办独立学院,合办以后就可以招本科。2008 年又出台一个政策,办到五年以后要分手,要么是公办,要么就是民办。这就存在两个问题:第一,民办高校和公办高校在一起的地位不平均,大部分情况下,公办高校有时候要合作的费用特别高,有些民间资本甚至要按每生学费 20%－30% 的比例向公办高校缴纳巨额"管理费"。第二,"分手费"问题,按照教育部 26 号令要求,一些已具备条件的独立学院想要独立转设,但母体学校索要"分手费",有些"分手费"的要价甚至过亿,不交"分手费"就不给对方盖章,就分不出去。我觉得应该呼吁教育部针对这个事情,出台一些细则。我的理解就是,不管是公办和民办,只要对民众有利,都应该一视同仁,而且政府应该大力支持民办教育。

民办教育就相当于政府花钱买服务,你调动社会的积极性,然后政府给一部分钱,从而为社会服务,有什么不好呢?目前来说,民办教育确实在不同程度上受到歧视,受到了不公平的对待。这就是为什么我刚才讲,民办教育做不起来,或者做起来很困难的原因。当然这里面也有很多其他的原因,这只是其中的一方面,政府应该就这方面改变思路。除此以外,民办学校教师的待遇问题,民办学校教师和公办学校教师之间的流通问题,政府都应该着力解决,这样才能把民办教育办起来。我现在觉得,不管是公办还是民办,它都是在为中华民族服务,这都是好事,你为什么不鼓励呢?

作者:还是涉及政府拨款和经费保障问题。

姜耀东:为什么我们现在说政府对高校的行政干预太过了?举个例

子,一个大学要办学,我要办什么事情,你不要管那么细,你可以查我的花销有没有违纪,有没有乱花。但我们政府的规定经常说,这个钱用来打酱油,那个钱用来打醋。事实上,我这里面就缺醋,难道我就不能光买醋,就只能按你的规定打酱油吗?

这个问题不解决,即使有了大学章程高校也很难实现自主办学。这里面也有很多问题。我们刚才讲了《高等教育法》规定了校长是独立法人,独立法人的意义就是,对学校的资产都有权利负责。但是事实上,我们现在做不到这一点。为什么呢?从这里就引出了,为什么我们要实现国家治理现代化,是不是?要从这个层面来理解,才有可能把这个问题彻底解决,这又回到我们上述谈的"绝对不是教育部一个部门的事情"这个话题上了。

作者:是。这里还涉及教育生态的问题。不仅要发展公办,而且也要发展民办,让整个教育形成一个竞争格局。

姜耀东:这里面很显然涉及了几个问题,大家的看法也都不一致,包括我们在小组讨论的时候,有些委员呼吁要取消民办,他们说,为什么要让民办存在?这里面可能就有利益格局问题。但是我个人来看的话,从国家的角度来思考这个问题,应该像你讲的那样,要形成一个公办、民办一视同仁,政府同样支持的状态,要鼓励社会来投资办学。你看现在我们整个大学,包括中学和小学,能收到的社会捐款很少,尽管我们现在说有很多"土豪",但是他们不敢来办教育。如果一个社会里面,有钱的人都不敢办教育,这个社会会怎样呢?

作者札记

可贵的情怀

"居庙堂之高则忧其民,处江湖之远则忧其君",范公这句脍炙人口的名言在姜校长身上得到了验证。

他身居高位——中国矿业大学副校长、第十二届全国政协委员、第十二届全国政协人口资源环境委员会委员、国家"973项目"首席科学家、"国家百千万人才工程"煤炭部专业技术拔尖人才和政府特殊津贴专家。听到这些头衔,你会肃然起敬,甚至会敬畏。但是,当你见到他,你会感到他一点架子都没有,而且是那样平和、谦逊。听他讲话,你听到的全是忧国忧民的内容,而且是那样真诚,让你不能不为之动容。

正是这种浓郁的忧患情怀,使他敢于直言。在2014年"两会"伊始,他的一句"中国只有一所大学",立刻把"高校去行政化"这一问题引成了全社会关注的热点。随即"去行政化"成了媒体热议的话题:

"不去行政化,大学就没办法办下去了。"

"大家都想当官,谁还愿意安心做研究?"

"中国只有一所大学,就是教育部大学,我们都是分院。"

他不无忧虑地呼吁:"高校必须去行政化,否则办不出一流大学!"

"去行政化"的前提是"放权",教育部应带头"下放权力"。他性情率真,敢于说实话、说真话、说心里话。因为他心底无私,想到的只是"群众""民族"和"国家"。

人的境界高了,一定会看得更远。在姜校长看来,与"去行政化"紧密相连的,便是"去垄断化"。他强调,要采取实实在在的举措鼓励民办高校发展。

在采访中我们谈到了教育生态。姜校长说:"我个人来看的话,从国家的角度来思考这个问题,应该形成一个公办、民办一视同仁,政府同样支持的状态,形成'百花齐放,百舸争流'的局面,那时我们的国家就会出现世界一流的高校。"

眼睛向下看,关爱弱势群体,是姜校长为人做事的一个重要特点。在采访快要结束时,他还袒露了一个担忧:"现在农村年轻人的确压力很大,大学毕业留在大城市工作,仅买房子一项就会把自己压得喘不过气来。这也需要国家拿出切实措施,向农村学生特别是偏僻的老少边区贫困学生倾斜,给每一个学生提供成长成才的公平机会。"他讲这些话时,表情一下严肃了,显得很沉重。

采访相识,说话相投,便成了挚友。有一次,姜校长乘高铁出差路过济南,他便给我发了一条短信:"高铁路过济南,问候泉城朋友!"让我甚是感动。过了不久,又得知他专程到北京郊区看望送外卖的年轻人,更是让我敬佩。

多么可贵的情怀!

探索高等教育的"中国道路"
——对话厦门大学副校长邬大光

专家传略

邬大光，男，1957年生，辽宁人。1982年毕业于沈阳师范学院外语系英语专业，1988年毕业于沈阳师范学院教育科学研究所，获教育学硕士学位。现为厦门大学高等教育发展研究中心副主任、教授、博士生导师，厦门大学副校长。

1990年邬大光毕业于厦门大学高等教育科学研究所，获教育学博士学位。他是我国自己培养的首批高等教育专业博士之一。他先后任教于朝阳师专英语系、沈阳师范学院教育科学研究所，历任沈阳师范学院教育科学研究所副所长、所长。1997年10月调入厦门大学高等教育科学研究所。

邬大光教授的研究方向为高等教育原理、高等教育管理学、比较高等教育。他先后出版了《学生动机》《高等学校教学改革的理论研究》《中国高等教育论要》《中外著名教育家事典》《高等教育办学模式研究》等著作10余部，在《教育研究》《高等教育研究》《光明日报》《中国教育报》等权威和核心刊物上发表论文上百篇。邬大光教授于1992年开始招收研究生，先后培养了一大批硕士和博士生。

邬大光教授曾先后获得陈香梅教师奖励基金"辽宁省高等学校重点学科青年学科带头人"一等奖、全国第二届教育科学二等奖、辽宁省第五届社科一等奖、福建省第三届社科一等奖、厦门大学首届"懋元奖"一等奖等20余项奖励。曾先后赴香港中文大学、英国利物浦大学做高级访问学者。曾主持世界银行师范教育改革项目、国家软科学基金、教育部人文·社会科学重大项目、教育部博士点基金、教育部人文·社科规划项目等10余项课题。2000年9月被列入教育部"跨世纪人才培养计划"。

邬大光兼任教育部社会科学委员会委员、全国高等教育学研究会理事、全国教育学研究会理事、《高等教育研究在中国》（英文版）编委，并被广东商贸大学、韶关学院、黑龙江东亚大学等高等学校聘为兼职教授。

曾赴香港中文大学教育学院、英国利物浦大学教育学院、美国加利福尼亚大学伯克利分校高等教育研究中心做高级访问学者,获得教育部优秀青年教师奖。

邬大光教授教育理论功底深厚,教育教学实践经验丰富,对我国高等教育改革发展有深入研究和真知灼见,他是国内学者中较早注意研究、深入探索和总结提出高等教育"中国道路"这个命题的。

核心观点

- "真正意义上的高等教育,在我国不过一百多年的历史。一百多年来,我国效仿了多国高等教育模式,什么日本模式、德国模式、法国模式、美国模式、苏联模式等等。遗憾的是,这些模式不能说没作用,但似乎没有解决根本问题,甚至出现国外高等教育模式到中国来就'水土不服'的现象。"

- "从西方找参照系,是中国高等教育发展模式的传统思维方式,也是最为容易和简单的做法。但是,我国高等教育面临的许多问题根植于本国特殊的政治、经济、文化和历史土壤,这些'特殊土壤'使我国高等教育在其发展的道路选择中,难以从西方经验里找到全部答案,或者说西方的经验只有局部的借鉴意义。因此,充分认识中外高等教育的差异性及其背后影响因素,对于未来我国高等教育改革与发展十分重要。"

- "我国高等教育走到今天,其复杂性远远超出了人们的想象,其所展现出来的问题和表现形式以及根源都有别于西方大学的发展逻辑,这些反差、缺失、错位等现象,既有理论层面的,也有实践层面的;既有政治层面的,也有经济和文化层面的;既有同样问题的不同的表述,也有不一样问题的相同的表述;还有同样的问题,由于发展阶段不同,问题表现的形式不同,解决的路径大相径庭。可见,这些现象背后所遮蔽的要素和原因，其深度和广度都已经超出了原有高等教育理论的范畴。"

- "当中国高等教育发展要从'教育大国'走向'教育强国'时，这种模式已然显示出某些不适应，这种不适应不仅表现为长期困扰的'西方经验'和'本土实践'之争，同时也表现为高等教育价值取向选择的多样性和不确定性。这种不适应原因在于高等教育自觉学习的主体意识还没有发生根本转变，即从过去的被动学习转向主动学习，从教育为政治经济文化服务转变为引领政治经济文化发展。因而，在其发展模式选择上，高等教育仍然按照传统惯性二元思维，而不是从高等教育自身发展规律出发，来应对中国高等教育发展面临的挑战与机遇，解决中国高等教育面临的问题。"

- "解决中国高等教育面临的问题，还必须搞清楚：何者为'体'，何者为'用'？是'中体西用'，还是'西体中用'，甚至'混合兼用'？"

- "对于当前我国高等教育来说，究竟什么是'体'，什么是'用'？目前还是见仁见智，但可以明确，这个'体'肯定不是传统的私塾、书院、科举制，毕竟它们已经离我们远去。中体不存，西体又焉附？是否完全照搬西方的先进经验？李泽厚先生的'西体中用'之说，似乎能为我们探讨这个话题提供新的思路。他认为'学'（学问、知识、文化、意识形态）不能够作为'体'；'体'应该指'社会存在的本体'，即人民大众的衣食住行、日常生活，因为这才是任何社会生存、延续、发展的根本所在。"

- "在这个意义上，就高等教育而言，'体'就应该是反映高等教育发展普遍规律的实践问题，而当它遭遇中国国情的时候，需要实现的是'转化性的创造'而非'创造性的转化'。这两者的区别在于，前者是指反映规律的制度和实践问题在本土通过多元的方式得以实现，而非完全重蹈故辙、一味遵从西方的做法；而后者假定有一种既定的先进西方模式，我国只能亦步亦趋，最终将以之为归宿。在'转化性创造'的过程当中，我国高等教育的阶段性和特殊性就显现了出来，因为从大学与政治、经济、文化等制度的互动关系而言，中西方存在着巨大的差异，注定了治理的路径也不相同。对西方高等教育先进经验的借鉴不再是东施效颦、原封不动，而是要直面阶段性和特殊性所带来的规定性，立足实践问题，创生出符合本土实际的理论和做法。"

- "特定的国情和文化传统，孕育了我国高等教育的特殊性和阶段性，社会转型时期、经济发展水平又叠加了某些阶段性和特殊性。我们长期以来形成的做法，已经成为思维惯性和路径依赖，并且被认为是'规律'。"

- "其实，我们对高等教育的理解，在相当大的程度上，还是处在'常识和经验'层面，我国现在的高等教育理论和高等教育实践基本是延续自己的历史和惯性，而且在这种沿袭中我们还可能丢掉了一些传统。我们现在对大学的规律性认识只能说是一种阶段性的认识，而且我们的许多认识可能是天真的甚至是失真的，而对特殊性的认识就更为缺乏。"

- "我国高等教育发展的阶段性和特殊性是一种不争的历史现象，其很大原因在于当前高等教育学习取向的混合模式。而从更根本的问题上看，它是一个认识论问题，涉及如何认识当前中国高等教育发展，并对其实践逻辑和路径进行再发现，从而实现转化性的创造。最终，使我国高等教育走出一条独具特色的'中国道路'。"

对话全文

> 我国高等教育应该走一条什么道路？这是一个时代话题，也是近几年我国高等教育学界高度关注的热点话题。对这个话题的审视和研究，专家们多是从宏观角度，套用宏观政治理论来诠释，给人的感觉是比较抽象，落地不足，有些概念或观点有些牵强，甚至与实际相差甚远。最近，笔者研读厦门大学副校长邬大光教授关于"中外高等教育的反差"的学术报告，大开眼界。他从现象学、比较教育学的视角对中外高等教育的差异进行了详细解读，令人叹服。笔者带着"探索高等教育的中国道路"这一命题，专访了厦门大学副校长邬大光教授。

为何"淮南为橘，淮北为枳"

作者：真正意义上的高等教育，在我国不过一百多年的历史。但一百多年来，我国效仿了多国高等教育模式，什么日本模式、德国模式、法国模式、美国模式、苏联模式等等。遗憾的是，这些模式不能说没作用，但似乎没有解决根本问题。为什么国外高等教育到中国来就"水土不服"？

邬大光：学习和借鉴国外高等教育先进经验，应该提倡。但是一定要从本国国情出发，搞清楚我国的政治、经济、文化、历史等状况，特别要搞清楚高等教育的属性。改革开放以来，我国高等教育的许多改革思路与实践直接瞄准了西方，尤其是欧美高等教育成为许多研究者和管理者参照的对象。言必谈美国，改必以欧美为参照，正在成为人们的一种思维范式。人们试图从不同的视角给高等教育改革开出"药方"。但是，这些"药方"的针对性和实效性还不够明显，而且有待实践检验。

从西方找参照系，是中国高等教育发展的传统思维方式，也是最为容易和简单的做法。但是，我国高等教育面临的许多问题根植于本土特殊的政治、经济、文化和历史土壤，这些"特殊土壤"使我国高等教育在其发展道路选择中，难以从西方经验里找到全部答案，或者说西方的经验只有局部的借鉴意义。不难发现，某些在西方看似很好的做法，当试图借鉴到我国操作层面时，就会显得"水土不服"。因此，充分认识中外高等教育的差异性及其背后影响因素，对于未来我国高等教育改革与发展十分重要。

作者：刚才您谈到一个观点：中外高等教育的差异性及其背后影响因素。这"背后影响因素"，说到底就是我国高等教育的"特殊性"和"阶段性"，倘若认不清这两个概念，肯定会出现东施效颦或者左顾右盼的现象。

邬大光：是这样。大学是遗传和环境的产物，这是共识。作为遗传因子的西方大学模式（理念和制度等），仍然是后发国家建立现代大学制度的标杆。然而，受不同的时空和环境影响，大学的办学模式在不同国家必然会产生调适和变异，这也是世界高等教育发展的经验。虽然我国的高等教育改革在很大程度上仍然处于模仿、学习西方的时期，但其呈现出阶段性和特殊性是一个不争的事实。阶段性从历史发展的角度勾勒出当前我国高等教育后发追赶模式所处的特定历史阶段特征；而特殊性更多地从空间地域的角度，体现了我国基于国情的办学实践，有别于西方高等教育的问题和路径选择。

这样说可能有些抽象，如果我们分析几个具体问题就更加明晰了。譬如学分制，这是大学里普遍实行的一种教学管理制度，但是直到目前，我国推行的学分制与国外大学相比，还有很大差异。首先在国外，学分最初只是学生课程学习的计量单位（Credit 或 Unit），后来逐渐具有了依据学分，进行校内资源配置的功能，如经费划拨等。其次，就本质来说，学分制的本质是学习自由，这种自由从形式上表现为学生选择学习内容的自由、选择学习方式或学习进程的自由。好比同样两个人，入学时间一样、学习年限一样、毕业时间一样、学习的课程也都一样，这就是一种完全学年制的做法。相反，如果入学时间一样，但是学习的课程完全不一样，在学年限也完全不一样，这就是完全的学分制。在今天，所谓的完全的学分制与完全的学年制几乎都不存在，更多情况是存在于这两者之间。

尽管学分制在我国已推行了多年，但从本质上说，我国大学生的学习自由还是相当有限。从选课自由而言，即使国内一些研究型大学，选修课学分占总学分的比例最多也不会超过30%。有的学校从表面上看是全校课程百分之百选修，但这种所谓的选修只是经过教学管理系统进行技术性选修而已，实际上还是必修课。而在美国的研究型大学，例如哈佛大学、斯坦福大学、耶鲁大学，其选修课比例大致在50%左右。从选择学习进程看，尽管国内高校都规定学生可以提前毕业，但实际上比例非常低，多数情况是在给延迟毕业的同学做准备。所以，国内大学每年学生的毕业率至少都在95%以上；而在美国的大学，据全美国的统计，四年的本科生毕业率还不到50%，到时间不能毕业是一个很平常的事情。之所以出现这种差异，或许是因为我们的学生学习自主性先天不足，或许是因为中国大学对于就业的关注超过对过程的关注。但不管如何，中国目前这种不足30%的选修课程比例，以及步调一致的毕业方式，离真正意义的学分制还有很大的距离。

再从另外一个数据对比看，美国一个本科生，在实行学期制的大学，毕业要求一般是120学分（学季制的大学180个学分）才能毕业。中国研究型大学文科四年制学分一般控制在140—160学分之间，理工科四年制学分一般控制在140—180学分之间。另外，美国大学课程一般以3学分或4学分课程居多，一个学分或一个单元一般包括1小时课堂讲授，另加两个小时的研讨课。而在中国大学，学分与学时的换算一般只包括课堂讲授时数，而不包括课外的学生自学时间。从表面上看，中国大学的学生在学习量、学习时间方面都比美国大学高得多，但是在学生的自主性学习方面却要反过来。所以，真正意义上的学分制不仅仅是提高选修课程比例，更需要教师的教学方式和学生的学习方式跟着转变，而这一转变则需要变革一些根深蒂固的传统和习惯。

当然，除了已有文化传统因素之外，学分制改革还有一个资源配置的问题。正如食堂的菜谱一样，只有品种多了，种类多了，学生才能有选择空间。但是，目前中国的学分制改革从某种意义上说，还是传统的大锅饭，换言之，提供的课程无论是种类还是数量都无法满足学生的选课需求。并且由于体制方面的障碍，学生只能局限在某个专业或某个学院范围内选课，这好比限制学生只能在一个食堂就餐，选择就十分有限。相反，在国外高校可以看到，本科生与研究生课程是相通的，主修课程与辅修课程是相通的，普通教育课程与专业教育课程是相通的，所谓的必修课与选修课的差别，只是相对于学生的专业兴趣和知识结构而言，并没有明显的界限。所以，学分制改革从现实资源约束条件来说，还有一个打破大锅饭的问题，让学生能够"在不同食堂自由就餐"。

这就是说，当我们在学习和借鉴国外学分制时，多少有点儿"买椟还珠"，看到了学分制表面形式上的东西，而丢失了以学生为本的内核。显然，此"学分制"已非彼"学分制"，内涵变了，岂是语境所能解决？

作者：这个案例很说明问题。在您的"中外高等教育差异"学术报告中，我还读到了您对"大学产权""就业""教学文化"等问题的剖析。正像您说的"有的属于反差，有的属于缺失，有的属于错位。例如，大学产权问题是一个典型的中国化问题，教学文化在我国是一个缺失问题，协同创新是一个错位问题"。

邬大光：此类问题很多。这就是说，我国高等教育走到今天，其复杂性远远超出了人们的想象，其所展现出来的问题和表现形式以及根源都有别于西方大学的发展逻辑，这些反差、缺失、错位等现象，从表现形式上既有理论层面的，也有实践层面的；既有政治层面的，也有经济和文化层面的；既有同样的问题不同的表述，也有不一样的问题相同的表述；还有同样的问题，由于发展阶段不同，问题表现的形式不同，解决的路径也大相径庭。可见，这些现象背后所遮蔽的要素和原因，其深度和广度都已经超出了原有高等教育理论的范畴。

而从这些反差产生的原因来看，也存在着不同的影响因素。有些反差是由于政治与高等教育关联程度的差异所造成的，有些是由于不同经济发展时期对高等教育提出的多元要求所造成的，有的属于管理体制的路径依赖差异所造成的。如果搞不清楚这些问题，就可能会把西方成熟阶段的高等教育经验嫁接到我们尚不成熟且文化传统有本质差异的高等教育体系上，造成"淮南为橘，淮北为枳"的排异反应。

从阶段性方面看，任何一个国家的高等教育系统，都有其内在的逻辑和生成规律，从初创到成熟都需要一定的时间。在同一国家与地区的不同的时间节点，高等教育发展会表现出不同的阶段性特征。而在不同的国度，发达国家高等教育昨天遇到的问题，我们可能还没有遇到，也可能它们就是我们今天需要解决的问题。而他们今天遇到的问题可能是发展中国家将来遇到的问题。在实践中，这种发展的阶段性特征往往被高等教育发展的规模或数量特征所遮蔽。例如，今天虽然中美高等教育的规模相当，但由于发展的历史阶段不同，两国高等教育的差异性十分明显。总体上讲，经过两百多年的积累，今天的美国高等教育是一个充满活力的系统，属于发达的高等教育；而我国高等教育系统则还处在建设过程中，属于发展中的高等教育。但作为后发国家，我们一直以"跨越式"发展追赶西方，并正在成为一种发展思路。但事实上，由于阶段性的存在，许多发展问题往往是难以跨越的，即使是可以跨越的问题，也可能需要付出相当的代价，不讲代价的跨越是不可能的。这种不可跨越是由高等教育发展的内在逻辑所决定的。因此，我国虽然有后发优势的存在，但后发劣势也十分明显。

我们应该清楚，一个经济大国的崛起并不必然造就一个高等教育强国。一个国家的高等教育从"发展中"到"发达"阶段的过渡需要一个漫长过程，需要一个量变到质变的发展过程，高等教育发展的阶段性将导致高等教育中很多的政策或举措都带有短暂性，高等教育价值取向充满着多种选择性，高等教育实践也充满着不确定因素。这些方面，只有通过对这些阶段性特征进行深入研究，把握高等教育各阶段的特殊矛盾，才可能为我国高等教育发展指出切实可行的路径。

从特殊性方面，由于所处制度环境不同，任何一个国家的高等教育系统都是特殊的。这种特殊性既是高等教育普遍性与特定国家的地理、历史与现实背景相互结合的产物，也是高等教育发展阶段性的真实体现。从抽象意义而言，每一个国家高等教育系统的特殊性大致有两种情况：一是积极的特殊性，即在尊重高等教育普遍规律的基础上，植根于本民族的文化传统，发展出具有生命力，并取得了巨大成就的发展模式。对此，往往称之为高等教育发展的"某某模式"。二是消极的特殊性，即受制于某种特殊的政治经济体制约束或意识形态、宗教信仰的影响，损害了高等教育的普遍性或高等教育发展的规律性，阻碍了高等教育发展的特殊做法。

事实上，在实践过程中，哪些是积极的，哪些是消极的，需要经过一段较长时间的检验。更多时候，高等教育发展的特殊性常常是介于二者之间的特殊性，可以称之为"折中的特殊性"。高等教育发展确实存在一些普遍的规律，但对这种规律的把握需要"接地气"，找到与本土的特殊实践问题对接的方法。我国高等教育的发展就是要处理好普遍性与特殊性的关系，突出那些积极的特殊性，消除那些消极的特殊性，并在发展中逐渐克服由于阶段性所导致的某些特殊问题。

必须看到，我国高等教育的阶段性和特殊性特征，在更宏观的层面上是由我国社会发展的转型时期带来的。例如，我国市场经济的启动，带来了社会各个领域的全面转型，在市场经济大背景的冲击下，高等教育还无法适应，市场力量的兴起、传统社会管理体制的惯性、资源配置方式都从不同的方向制约着高等教育的发展。在这个角力场中，高等教育既要听从行政化管理指令，又要满足市场对多元化人才的要求；既要服从教育主管部门的规则，又要回应社会对质量提升的问责；既要受既有学科建制区隔化的束缚，又要正视学生差异化的学习需求。这些不同的力量共同构成了高等教育发展的现实国情，远远超出了西方高等教育发展模式的解释框架，照搬西方和即插即用的可能性不存在，需要一个本土化创造的过程。因此，基于西方文化和办学实践的高等教育发展规律，对我国来说只能是"抽象继承"。更为根本的是，应探索如何从本土的实践出发，以国际视野、未来发展的取向来研究、解决上述带有阶段性和特殊性特征的问题。

中体西用还是西体中用

作者：从我国高等教育的阶段性和特殊性来观察，过去我们的理论预期和我们的实践结果，存在着相当大的差距。这是不是警示我们：必须正视西方高等教育发展的理论与做法在中国实践中不适应的现实，必须正视看似相互冲突的高等教育模式和中国语境的共存？

邬大光：是的，我们的讨论实际是触及了如何面对中国高等教育实际的一个时代命题。我国高等教育阶段性和特殊性特征的形成，是与我国高等教育发展模式的选择密切相关的。百余年来，我国高等教育的发展轨迹，一直在左右摇摆之中。我们向西方效法的发展模式如此多样，转换频率如此之快，在世界大学史上极其罕见。加拿大学者许美德教授曾大致勾勒了百余年来，对中国高等教育产生过影响的几种发展模式：日本模式、德国模式、法国模式、美国模式、苏联模式、延安模式。以时间段来划分，大致清末京师大学堂取法的是日本模式；蔡元培对北大的改造属于德国模式，而倡议的大学区制属于法国模式；国民政府成立后，美国模式成了主流；中国共产党在敌后的办学实践中形成了延安模式；新中国成立之后，苏联模式又对我国产生了深远的影响。这些模式"你方唱罢我登台"，既规定了当时的高等教育方针政策，又随着政策的实施和实践的推进，成为一种惯性，或者说形成了一套有别于儒家教育传统和西方大学发展普遍规律的做法，我们可以将其称为"现代传统"。这种现代传统本身就包含了借鉴西方发展经验的一面，也包含了对特定时期、特定实践问题的本土化一面，而更为重要的是当这两者相结合的时候，它们对于后续时期的高等教育发展形成了某种制约作用，成为构成阶段性和特殊性特征的要素。

就当前阶段我国高等教育发展的阶段性和特殊性而言，我们的思考集中在两个问题：第一，我们在西方经验和本土实践之间的取向是怎样的？第二，如何判断改革开放之后我国应采取的高等教育发展模式？

关于第一个问题，在近现代中国高等教育发展史上，其实一直以来我们都没有跳出"中西体用之争"的基本思路。无论是"中体西用"，还是"全盘西化"，从思维方式上都是将中国传统文化精神和意识形态作为"中体"看待，而将西方高等教育制度形式作为"西用"的范畴，即把西方先进的经验移植到中国异质的肌体上。事实上，中国高等教育发展道路的价值取向之争是与其主体自觉意识相联系的。从学习日本到学习法国、从学习法国到学习欧美、从学习欧美再到学习苏联,其中任何一次学习都不是高等教育自身的主动学习,而是基于当时政治经济以及国际背景的"逼迫学习",处于这种被动学习状态的主体,其学习思维模式就永远逃脱不了"中体西用"还是"西体中用"的钟摆。改革开放后,尽管在理论上中国高等教育道路的选择已经改变了单纯"中体西用"还是"西体中用"之局限,坚持从实践出发,坚持发展是硬道理的思维方式,但是以经济建设为中心的这一发展主题,使高等教育发展模式在其道路选择上仍然是"被动学习",从而无论在理论或实践方面都出现了"言必谈美国,改必以欧美为参照"。

不言而喻,一个大国的崛起,除了在经济科技军事等硬实力上的崛起之外,同时也伴随着教育文化等软实力的复兴,并且以教育文化等软实力复兴反过来推动和引领国家整体实力的发展。改革开放以来,中国高等教育发展取得举世瞩目的成就,这种发展模式是以发达国家高等教育发展模式为参照系的后发追赶型的发展模式,在今天仍然有现实的意义。但是,当中国高等教育发展要从"教育大国"走向"教育强国"时,这种模式已显示出某些不适应,这种不适应不仅表现为长期困扰我们的"西方经验"和"本土实践"之争,同时也表现为高等教育价值取向选择的多样性和不确定性。这种不适应的原因在于高等教育自觉学习的主体意识还没有发生根本转变,即从过去的被动学习转向主动学习,从教育为政治经济文化服务转变为引领政治经济文化发展。因而,在其发展模式选择上,高等教育仍然按照传统惯性二元思维,而不是从高等教育自身发展规律出发,来应对中国高等教育发展面临的挑战与机遇,解决中国高等教育面临的问题。

作者:解决中国高等教育面临的问题,还必须搞清楚:何者为"体",何者为"用"?是"中体西用",还是"西体中用",甚至"混合兼用"?

邬大光：对于当前我国高等教育来说，究竟什么是"体"，什么是"用"，目前还是见仁见智。但可以明确，这个"体"肯定不是传统的私塾、书院、科举制，毕竟它们已经离我们远去。中体不存，西体又焉附？那么，是否完全照搬西方的先进经验？李泽厚先生的"西体中用"之说，似乎能为我们探讨这个话题提供新的思路。他认为"学"（学问、知识、文化、意识形态）不能作为"体"。"体"应该指"社会存在的本体"，即人民大众的衣食住行、日常生活，因为这才是任何社会生存、延续、发展的根本所在。

在这个意义上，就高等教育而言，"体"就应该是反映高等教育发展普遍规律的实践问题，而当它遭遇中国国情的时候，需要实现的是"转化性的创造"而非"创造性的转化"。这两者的区别在于，前者是指反映规律的制度和实践问题在本土通过多元的方式得以实现，而非完全重蹈故辙，一味遵从西方的做法；而后者假定有一种既定的先进西方模式，我国只能亦步亦趋，最终将以之为归宿。在"转化性创造"的过程当中，我国高等教育的阶段性和特殊性就显现了出来，因为从大学与政治、经济、文化等制度的互动关系而言，中西存在着巨大的差异，注定了治理的路径也不相同。对西方高等教育先进经验的借鉴不再是东施效颦、原封不动，而是要直面阶段性和特殊性所带来的规定性，立足实践问题，创生出符合本土实际的理论和做法。

在第二个问题上，基于以上对第一问题的认识，当前我国高等教育的发展模式显然是既非"中体西用"，也非"西体中用"所能简单囊括，而是呈现出一种"混合兼用"。正如张应强教授和其他学者所概括的，新中国成立后，我国的高等教育发展模式，主要是苏联模式、延安模式、美国模式，这些模式已经通过历史的因袭，在不同程度上融入了当前的高等教育制度之中，形成了新的现代传统。苏联模式是以专业教育为主的现代高等教育模式，强调高等教育的政治性和意识形态作用，强调政府对高等教育高度集中领导和刚性管理，强调以计划模式作为高等教育发展的调节机制。苏联模式对当前我国高等教育分布格局的形成、学科建设的思路、资源配置的方式、行政化的教育管理体制的影响余韵犹存。延安模式从本质上而言是以政治论为中心的教育模式，它的内容包括高等教育对社会尤其是政治的全面适应，强调对大学严格的计划管理。在当前高等教育的学制、学校内部领导体制、教学计划、教学内容、教学组织、教学方法等许多方面，仍然可以若隐若现地窥见其身影。而美国模式在新中国成立之后的一段时间被扫地出门，但随着改革开放又重新被迎了回来。对现代大学制度的重视、大学办学自主权的呼吁、大学科研－教学－服务功能的完善、人才培养模式的创新等议题，成为国家政策关注的焦点，也是改革取经借鉴最主要的潮流。因此，目前我国高等教育可以从政策制定和办学实践中看到不同模式的相互影响和相互制约，其阶段性和特殊性体现在基于本土实践，不同的组合要素在高等教育的高速发展中纵横交错。

在这种纵横交错中，我们所言及的我国高等教育的阶段性和特殊性，其实是一种"悖论"现象。这种悖论不仅是指实践与理论预期违背的现象，也指一双看似相互矛盾、有此无彼的现象，同时存在于特定的时空环境中。我们必须正视西方高等教育发展的理论与做法在中国实践中不适应的现实，必须正视看似相互冲突的高等教育模式在中国语境中的共存，这样才能提出面对中国高等教育实际的命题。

差异与差距

作者：我们在分析和研判"中体西用还是西体中用"时，自然会引申出"差异与差距"这个问题。这个问题关涉到我们的高等教育究竟是走"依附学步"还是"借鉴超越"的道路。您怎么看待这一问题？

邬大光：无论是"中体西用"抑或"西体中用"，都是建立在教育现代化话语体系框架之内的，其基本假设是，中国高等教育发展的总体状况与先进国家的发展水平仍有不小差距,在缩小两者的鸿沟方面,中国高等教育仍在"路漫漫其修远兮"的追赶途中。这种鸿沟,一方面体现在差距方面,主要是在带有普遍性的发展规律方面,中国高等教育的科研水平、经费水平、服务质量、教学水平等远不及西方先进国家;另一方面体现在反差方面,主要是在带有特殊性的经验和实践方面,中国高等教育的办学主体、管理体制、拨款方式、组织制度等表现出与西方各国迥异的发展路径。这两者互为因果,相互制约,共同规定着中国高等教育发展的阶段性和特殊性。

但在如何看待这种阶段性和差异性,以及制定相应的对策时,不同的研究者和政策制定者往往会在合法性方面基于差距和差异的立场,各有偏重。"差距论"认为,既然西方高等教育处于世界高等教育体系的中心地位,我们必须正视发展水平的高下之分,中国高等教育发展要利用好后发优势,必须通过探索和依循一些源自西方的关于普遍规律的理论和做法,才能迎头赶上。这成为学习模仿西方大学模式最大的合法性来源,可以视为"右派"或"自由主义"倾向。而"差异论"并不否认中西高等教育发展水平的高下之分,但它们更强调虽然我们处于追赶者的地位,但是西方的理论体系对于中国并不具备完全的解释力,而在实践方面,中国高等教育的发展已经积累了不同于西方的丰富经验,未来的发展也绝不会是拷贝西方的发展路径。"中国特色"成为差异论最为鲜明的旗帜,更有"左派"和"保守主义"的色彩。因此,如何理解阶段性和特殊性,并做出对实践的反应最终指向的是高等教育发展观和认识论的问题。

在中国高等教育面临从精英教育到大众化教育,从教育大国到教育强国的转型之际,我们究竟是走依附学步还是借鉴超越的道路,成为高等教育研究的重要话题。前几年,对于"依附理论"的探讨其实就是对中国高等教育发展阶段性和特殊性问题另外一种方式的思考。在依附理论看来,后发国家的高等教育发展是在受到西方发达国家控制的不平等关系中进行的。从学术理念、学术语言、学术评价等方面,后发国家的高等教育发展在西方主导的格局中被"牵着鼻子走"。它们在西方强大的"自我"镜像面前,更多时候是扮演着"他者"的边缘角色,其发展路径无法摆脱模仿、依附的方式。于是批评者针对我国的高等教育实践,提出应当在"借鉴-超越"思想的指导下,通过文化自觉和自主创新,探索高等教育的"中国模式"。

依附理论的价值在于帮助我们廓清全球高等教育发展的权力版图,有助于我们正视我国高等教育发展的阶段性和特殊性问题。但它的限度在于还没有更精微地解释我国高等教育发展的阶段性和特殊性是什么,是如何形成的以及有什么可能的解决路径。所以,它也就无法解释为什么西方国家的私立大学是捐资办学,而我国的民办高等教育是投资办学;无法解释为什么中国大学生的学习体验在大部分指标上不如西方,而某些特定指标上(如对校园环境的满意度)则优于西方。从根本上说,依附理论是关涉如何认识中国高等教育的问题以及如何能有所作为的问题。而恰恰在这个认识论的问题上,我们对阶段性和特殊性的探讨仍停留在模糊印象的层面,特别是在反差问题上,并未在理论与实践建树上有所突破。

时至今日,"左右之争"在理念层面对于高等教育发展研究不再构成一个根本性的挑战。没有人会否认中西方在发展水平上的差距,自然不会抹杀向西方先进经验取经的价值。从高等教育历史发展的角度,美国向德国的学习、日本向美国的效法也印证了这一点。在后一个问题上,也没有人会否认"走自己的路"对于建设独立自主、适合本国国情的高等教育体系的意义。但不可否认的是,与基于差距论、比较、引进西方理念和做法的研究已蔚为壮观相比,我们从差异论的立场出发,深入思考阶段性和特殊性的研究至今仍显得过于薄弱,以至于造成"言必称欧美"的局面。但是这个问题之所以如此重要,是因为它在理论层面需要回答"差异如何体现""差异如何产生""差异如何协调",而在实践层面指向了我们应该向他人"学习什么""怎么学习""学习到什么程度"等命题,直接影响了当前以借鉴为导向的相关政策在实践中的实施效果。差距论和差异论对我国高等教育发展的阶段性和特殊性都具有一定的解释力，但是如何跳出非此即彼的循环，细究其背后的潜藏的逻辑（或者说认识方法），可能更需要引起我们的深思。

阶段性与特殊性中的"实践逻辑"

作者：您说的太深刻了。"如何跳出非此即彼的循环，细究其背后的潜藏的逻辑"，换句话说，就是"中国高等教育在认识论上的逻辑究竟是什么"。深入探究这个重大命题，可能对我们高等教育的研究更为重要。请谈谈您这方面的思考。

邬大光：就像刚才我们上面讲的，中国高等教育的悖论在于看似不能兼容的发展模式共处一室，看似不能并存的一对对矛盾并行一道。西方的高等教育理论是以理性主义为基础，在认识论哲学的前提下，构筑起的庞大的解释系统。但是，如果把这套理论体系用于解释中国的实际问题，却发现遭遇到很大的困惑。也就是说，中国高等教育的阶段性和特殊性，在西方高等教育理论中无法得到自洽、圆融的阐述，它的逻辑其实跳脱出了"形式逻辑"划定的边界。

那么，中国高等教育在发展中的逻辑究竟是什么呢？我们认为是一种"实践逻辑"。实践逻辑，简单来说就是从实践问题出发，在实践中提炼出抽象的理论概念，然后再反诸实践，进行检验修正的过程。这是一种有别于西方形式逻辑推演的认识论，是百余年来中国高等教育演进史积淀下来的最为宝贵的经验，可以称为一种新的现代传统。

改革开放之后，我国民办高等教育的发展轨迹就是这种"实践逻辑"的最好例证。民办高等教育是在一穷二白的基础上发展起来的。在缺乏政府资金投入和没有更多政策支持的条件下，先行的民办高等教育办学者意识到人民群众接受更高层次教育的需求，意识到市场力量改变传统高等教育计划模式的可能。虽然它与西方的私立大学都属于民间办学的广义范畴，但是西方的私立大学是建立在公私产权明晰划分的基础之上的，其本质是捐资办学。中国的国情注定民办高等教育不可能重走西方已走过的道路，因为从西方的眼光来看，中国民间力量介入高等教育的空间并不存在。中国的民办教育正是在这种与西方形式逻辑相悖的罅隙里，找到了生长点，试图在公益性和营利性之间寻求平衡。这种努力引起了高等教育理论研究者的广泛关注，在实践与理论的相互激荡中，政府部门逐步出台了促进和规范民办高等教育发展的政策文件。民办高等教育走出了具有中国特色的第三条道路，即投资举办但不要求取得回报，以及要求取得合理回报但又不是营利性，成为中国高等教育体系中重要的组成部分。民办教育的发展经验是中国高等教育发展阶段性和特殊性的一个缩影，可以清晰看到其背后的认识论基础就是一种实践逻辑，昭示了我国高等教育实践不依附于西方理论体系，并有所突破的重要性和可能性。

实践逻辑对于解释中国高等教育的阶段性和特殊性，以及可能的改革路向具有双重的意义。首先，实践逻辑有助于我们分析阶段性和特殊性的现象及成因。无论是阶段性和特殊性的现象表征，还是多重模式并存的格局，都是实践逻辑在理论学习和实际政策应用中的必然结果。百余年来，多种外国高等教育模式在中国的此消彼长，正是实践逻辑基于中国高等教育的阶段性和特殊性，做出的有针对性的择取和矫正。

从实践逻辑的角度看，当前我国高等教育的发展正是在混合不同类型模式的环境下形成，可以预见，这种多模式、多悖论的情况也将在未来很长一段时间内得以延续。对这一高等教育发展现代传统的重新发现，有助于我们去认识哪些现象属于特殊性和阶段性、哪些现象属于普遍性，以及这些悖论究竟如何形成。其次，唯有从实践逻辑出发，我们才能综合差距论和差异论的视角，消融西方化和本土化、理论和经验相互区隔的壁垒。我们既要承认中国高等教育的整体发展水平仍远远落后于西方先进国家的现实，肯定积极借鉴西方先进经验弥补我国不足和缺失的意义；同时又要看到西方主流的认识论逻辑对于中国的不适应，正视实际中的悖论，避免用西方的理想模型硬套中国实践，陷入"食洋不化"的迷思。哪些是可学的、哪些是不可学的、学到何种程度、在学习的过程中如何解决悖论和矛盾，都需要通过实践逻辑的审视和检验。实践逻辑并不因为中国的实际不符合西方的形式逻辑而对之加以否定。唯有从实践逻辑出发，才能看到悖论，而从悖论实践出发，质疑西方主流的认识论逻辑理论，才能把握中国高等教育实际情况的内在逻辑和联系，从而摆脱对西方的依附，具备构建高等教育理论体系"中国模式"的可能。

作者：今天我们谈的话题不仅仅是分析中外高等教育的差异，更重要的是讨论了"我国高等教育应该走一条什么道路"这个时代话题。看得出，您对这个问题的思考和研究已经渐成体系，为我国高等教育研究提供了深厚的背景和新颖的范式。面广但不显宽泛，细腻但不显冗长。在访谈即将结束的时候，请您概括一下您的观点和结论吧。

邬大光：我国高等教育发展的阶段性和特殊性，对如何进行高等教育研究提出了实实在在的要求。不能否认，随着我国高等教育办学规模的扩大以及外部压力不断增加，有些大学基本上处于应付状态，大学制度还没有发生根本的变化。影响大学的内外部环境在发生变化，我们对大学本质和规律的认识，跟不上大学的变化；我们对学生成长规律的认识跟不上学生的需求变化；我们对社会给大学的压力和大学规模扩张所引发的各种问题，还没有充分的思想准备。我们是在用精英教育背景下的大学理念和大学制度衡量大众化背景下的大学实践，是在用一维的大学形态理念和大学制度衡量多样化的大学形态，是在用体现教师权利的理念和制度衡量利益相关者增加的大学实践，是在用过去的经验（理念和制度）指导变化的大学实践。

特定的国情和文化传统，孕育了我国高等教育的阶段性和特殊性，社会转型时期以及经济发展水平又叠加了某些阶段性和特殊性。我们长期以来形成的做法，已经成为思维惯性和路径依赖，并且被认为是"规律"。其实，我们对高等教育的理解，在相当大的程度上，还处在"常识和经验"层面，我国现在的高等教育理论和高等教育实践基本是延续自己的历史和惯性，而且在这种沿袭中我们还可能丢掉了一些传统。我们现在对大学的规律性认识只能说是一种阶段性的认识，而且我们的许多认识可能是天真的甚至是失真的，而对特殊性的认识就更为缺乏。

我国高等教育发展的阶段性和特殊性是一种不争的历史事实，其很大原因在于当前高等教育学习取向的混合模式。而从更根本的问题上看，它是一个认识论问题，涉及如何认识当前中国高等教育发展，并对其实践逻辑和路径进行再发现，从而实现转化性的创造。最终，使我国高等教育走出一条独具特色的"中国道路"。

作者札记

扎根中国大地办大学

"我国有独特的历史、独特的文化、独特的国情,决定了我国必须走自己的高等教育发展道路,扎实办好中国特色社会主义高校。"每每读到习近平总书记这段话,作为一位长期从事高等教育的工作者,我甚是感动。

大学从来不是脱离社会而孤立存在的,其产生和发展离不开社会发展的需要和现实条件。在中国办大学必须走"中国道路"。厦门大学副校长邬大光教授是我国学术界较早注意研究、深入探索和潜心总结高等教育的"中国道路"这个命题的学者。

这个话题,还要从2014年的暑假说起。在那个炎热的酷夏,我到厦门参加全国高教论坛,会议期间专门拜访了邬教授。邬教授具有典型的北方人的特点,身材魁梧,谈吐率真,思想开明,一点儿也不遮掩。

我就喜欢这种豪爽,于是我当即就邀请他:"我们做一次高端访谈吧!"他爽快答应了。但是,当时他非常忙碌,就给了我一些给博士生上课的讲义"中外高等教育的反差",略有抱歉地说:"不敬!不敬!这些材料实在有些杂乱,是我参加会议的发言和给学生上课的讲稿的混合物,我和几个博士生一直想整出一篇文章来，却一直没有整成。您先看看后，我们再交流。"看得出，邬教授特别真诚。

当时我真没有把这份材料当回事儿。"先读读，做个准备"，这是我那时的真实想法。但是，当忙完一天的工作，夜深人静的时候，翻开邬教授的讲义，看到十几页，就被他的研究视角和论述吸引住了。这厚厚的几万字的材料，一直在讨论一个问题，就是："我国高等教育究竟应该走一条什么道路？"

实事求是地讲，这应该说是一个时代话题，也是进入新世纪后我国高等教育学界高度关注的热点话题。对这个话题的审视和研究，专家们多是从宏观角度，特别是套用宏观政治理论来诠释，给人的感觉是"抽象生硬，落地不足"，有些概念或观点有些牵强，甚至与实际相差甚远，欠缺说服力。

与此相反，邬教授的视角、观点和论述方法，就有些与众不同，让我大开眼界。他从现象学、比较教育学的视角对中外高等教育的差异进行了详细解读，令人叹服。虽然文字显得冗长，但思想是深刻的，有些地方甚至闪烁着灵光。出于职业习惯，我当即就决定把这块"璞"打磨成"玉"，让它光亮起来。

于是，我把讲义中闪光的地方提取出来，重新构架和安排材料，写成了《探索高等教育的中国道路——访中国高等教育学会副会长、厦门大学副校长邬大光教授》初稿。这个初稿，实际上就是针对"为什么国外高等教育到中国来就水土不服""中外高等教育的差异性及其背后影响因素是什么""我国高等教育应该走一条什么道路"等系列问题，采用"对话形式"做了阐述和解答。

为了"观点落地"和"增强可读性"，我注意把宏观问题具体化，把抽象问题形象化。连每部分的标题都尽量加入中国文化元素和思维火花，如"为何'淮南为橘，淮北为枳'""中体西用还是西体中用"等等，尽可能引发读者思考和引起共鸣。

当思路清晰了,激情上来了,就产生了速度。在拿到讲义的第三天,我的访谈初稿就出来了。怀着有些忐忑的心情发给了邬教授,没想到邬教授出奇满意,回电热情鼓励说:"提炼得非常好!我让几个博士都学习了!"

访谈稿在《山东高等教育》刊发后,《中国教育报》用了一个整版予以转载。当时,我还有一个想法:《新华文摘》可能会转载,但过了好长一段时间也没有,我不免也有些遗憾。我想,思想的产生,需要一个过程;理论的认可和前行,同样需要一个过程。我还想,当邬教授研读习总书记关于"扎根中国大地办大学"的重要论述时,他的心情一定会更激动。

在高校,如何做一名"好教师"

——对话"全国十佳师德标兵""当代教育名家"林崇德

专家传略

林崇德，男，1941年2月27日出生，浙江宁波象山人。中共党员，全国劳模，全国师德标兵。1960年9月至1965年7月就读北京师范大学首届心理专业本科生，在基础教育界工作13年后，于1978年9月考回母校当研究生，师从朱智贤教授。1980年5月提前毕业留校，从事发展心理学领域本科教学工作，先后给本科生开设了四门专业基础课和专业课，2005年后主持"发展心理学"国家精品课程建设。1984年3月获博士学位；1985年12月破格晋升教授，同年担任博士生副导师；1990年3月被国务院学位办批准为博士生导师。

他是北京师范大学心理学院学术委员会主任，兼任中国心理学会第八、九届副理事长，中国教育学会常务理事兼学术委员会副主任，亚太地区健康心理学会第一副主席，国务院学位委员会学科评议组成员，教育部社会科学委员会委员兼教育学心理学组召集人，教育部高校、中小学心理健康教育专家指导委员会负责人等职。

林崇德教授主编了《心理学大辞典》《中国少年儿童百科全书》《应用心理学书系》等大型工具书和心理学系列教材，著有学术专著16部；先后主持国家自然科学基金和国家哲学社会科学基金研究课题12项，获省部级以上的业务奖励24项，其中有国家级优秀教学成果奖3项，全国高校优秀教材特等奖1次、一等奖2次，教育部人文社科一等奖2次、科技进步二等奖1次、优秀教育科学研究成果一等奖2次等等。

他把教书育人作为自己的终身奋斗目标，积极投身于发展心理学的研究，将教育理论与实践相结合，坚持知与行的统一。他爱岗敬业，严谨治学，潜心教书育人，注重教育学生树立科学精神和奉献祖国的高尚情操，处处以身作则，为人师表，以高尚的人格和品德影响学生。他的教育理念和教育实践产生了广泛的社会影响。

如今，他培养出了上百位研究生，数十位博士，这些学生中有多人成为教授和博士生导师。他指导博士生的经验,不仅在校内做了介绍,也在由国务院学位委员会心理学科评议组组织的全国心理学界博士生导师会议上做了报告,而且在《中国教育报》和《学位与研究生教育》等报刊上公开发表。美国的《肯特日报》把他与美国当代大教育家斯波克(B. Spock)相媲美,中国核心期刊《中小学管理》把他誉为"中国基础教育的播火者"。

"我不仅仅把教师的工作理解为授业解惑,更自觉地把它看成是教书育人并值得我为之终身奋斗的目标。""我愿坚守三尺讲台,让学生遍布四面八方;我们总会两鬓斑白,青春却会延续在学生身上。"50年前,林崇德就以这样的诗行抒发自己对教师职业的向往。他把教书育人当作自己的终身奋斗目标。直到今天,每当他有新著出版,总是在扉页上写道:"忠诚党的教育事业。"大学毕业后林崇德到北京的中小学工作,一干就是13年。"文革"时期,他排除干扰,坚持家访,与学生和家长建立起深厚的感情。"得天下英才而育之",是林崇德教授人生一大乐事。上了讲台,他就兴奋,有时竟忘了自己还在发着高烧。他说:"不讲课,我就憋得慌,两星期不见学生,会非常难受。"

林崇德教授说:"大学中学教师都要有爱的教育。师爱是教育的灵魂,是教师教育学生的感情基础。师爱是一种只讲付出不计回报的、无私的、广泛的、没有血缘关系的爱,是严慈相济的。"

2004年11月,教育部党组做出向林崇德等5位模范教师学习的决定,并号召全国教师学习他们热爱祖国,热爱人民,忠诚于人民教育事业的崇高思想;学习他们教书育人,爱生如子,为人师表,无私奉献的高尚师德;学习他们艰苦奋斗,孜孜不倦,勇于探索,开拓创新的敬业精神。同年11月14日,林崇德同志在北京人民大会堂做了首场师德报告后,赴上海等地进行巡回报告。

核心观点

- "习总书记在同北京师范大学师生代表座谈时讲道:'好教师的道德情操最终要体现到对所从事职业的忠诚和热爱上来。'这话讲得非常深刻。多年的教育实践使我认识到,教师,无论高校教师还是基础教育教师,其职业道德都有共性要求,这就是:'爱岗敬业,关爱学生,严谨治学,为人师表'。"

- "做一名高校好教师,就要积极探索学术道德的内涵,努力争做学术道德的探索者。至少应该从四个方面着手:首先,讲学术道德必须讲献身科技、服务社会的使命感和责任心。其次,讲学术道德必须有实事求是的科学精神和严谨治学的态度。再次,讲学术道德,就要自觉地树立法制观念,不做任何学术道德失范的事。第四,讲学术道德,就要保证学术评价的公正和公平。"

- "'廉洁从教'既是师德的重要内涵,又是新形势对高校教师的严格要求。在高校,做一个好教师,必须廉洁从教。北京师范大学的校训为'学为人师,行为世范'。'人师''世范'的含义是'为人师表,廉洁从教',具体地讲,它提倡以身作则、团结协作、廉洁从教、依法执教。"

- "廉洁从教是'学为人师,行为世范'的本质体现。做好教师,就应该像习近平总书记指出的那样:好教师要有'捧着一颗心来,不带半根草去'的奉献精神，自觉坚守精神家园，坚守人格底线，带头弘扬社会主义道德和中华传统美德，以自己的模范行为影响和带动学生。"

- "在教书育人的实践中，我提倡实施'爱的教育'，即爱祖国、爱党、爱教育、爱学生。爱的教育集中体现在'师爱'上，师爱是教师对学生的爱，它是师德的核心。但师爱不同于父爱、母爱、情爱。师爱出自教师的职责。在性质上，它是一种只讲付出不计回报的、无私的、广泛的且没有血缘关系的爱；在原则上，它是一种严慈相济的、一视同仁的爱；这种爱是教师教育学生的感情基础，学生一旦体会到这种感情，就会'亲其师'，从而'信其道'。因此，师爱就是'师魂之魂'。"

- "首先，提倡师爱，要强调高校教师师爱的特殊性。同样是师爱，对成年期的学生所涉及的内容和表达方式与基础教育的学生有很大的差异。本科生和研究生的经历和生活，在人的一生中具有重要意义。因此，高校教师要处处关心自己学生走向人生成熟的问题、真正意义上'自主学习'的问题、如何热爱专业迈向社会的问题、怎么去准备建功立业的问题。其次，提倡师爱，必须强调严慈相济，教书育人。教育学生要成才，得先做人。因为师爱是一种神圣的爱，是一种促使学生成才成人的事情。所以我们应坚持教书育人的做法——'严在当严处，爱在细微中'。因为爱，必须严，严是为了爱。所谓'严'，首要是'做人'，一流人才的基础是砥砺一流品性，发扬理想信念，传承艰苦奋斗、厚德载物的传统美德。再次，提倡师爱，在这个感情投入与'回报'的过程中，教育实现了其根本的功能。如果问我'什么是最大的幸福'，我回答：'我拥有世界上最宝贵的财富——学生。'"

对话全文

在第三十个教师节前夕,习近平总书记专程前往北京师范大学看望慰问教师,与师生代表座谈并发表重要讲话,充分肯定广大教师为国家发展和民族振兴做出的重大贡献,并就"好教师"对个人、学校、民族的重要作用进行了深刻阐述,充分体现了对广大教师的重视与关怀。如何理解"好教师"的概念,特别是在高校如何做一名"好教师"?这是当前高校教师队伍建设面临的重大课题。为此,笔者专门采访了全国著名心理学家、教育家、中国心理学会前理事长、北京师范大学资深教授、"全国十佳师德标兵"林崇德教授。

高校师德有其特殊性

作者:林教授,您是"全国十佳师德标兵",您将"教书育人"作为自己挚爱的事业,始终践行着"培养出超越自己、值得自己崇拜的学生"的理念,培养出的82名博士,成为全国各大院校和科研机构的学术带头人,成为教学、科研和行政的骨干。您的"严在当严处,爱在细微中"的育人观被教育界和学术界广为称颂。当前举国上下正在学习贯彻习总书记教师节重要讲话精神,呼吁教师们积极争做党和人民满意的"好教师"。"好教师"首要的是有高尚的师德。请您谈谈对高校师德的理解和看法。

林崇德:习总书记在同北京师范大学师生代表座谈时讲道:"好教师的道德情操最终要体现到对所从事职业的忠诚和热爱上来。"这话讲得非常深刻。多年的教育实践使我认识到,教师,无论高校教师还是基础教育教师,其职业道德都有共性要求,这就是爱岗敬业、关爱学生、严谨治学、为人师表。但是,高校教师和基础教育教师在师德要求上又有差异。例如,高校教师的教育对象多是18岁以上的成年人,而且教学工作还多涉及学术领域的问题,因此对高校教师而言,既应该具有高尚的道德情操,又应该具有扎实的学术功底,唯此才能成为合格的大学教师,承担起国家赋予的历史使命。从这个角度讲,我认为,高校教师师德的特殊性至少应该体现在四个方面:

一是以崇尚学术为基础。学术,是指有系统的、较专门的学问。高校教师的职业是钻研学术和教授学术,从事学术活动。因此,学术是高校教师的生命,崇尚学术、艰苦奋斗、一专多能并积极追求高学术水平是高校教师师德修养的重要表现。没有学术知识,没有学术思想,没有学术业绩,就会变成邓小平同志尖锐批评过的那样:"还攀什么高峰?中峰也不行,低峰还有问题。"崇尚学术,就必须在"德、识、勤、绩"四个字上下功夫。

二是以培养杰出人才为标志。我曾多次讲到,能否培养出对国家有用的人才,这是衡量教师师德的根本标准。高校教师必须要以为国家培养栋梁,造就杰出人才为己任。今天,我们必须认真贯彻党的十八大和十八届三中全会精神和习总书记系列重要讲话精神,进一步鼓励营造创新的环境,努力造就世界一流科学家和科技领军人才,注重培养一线的创新人才,使全社会创新智慧竞相迸发,各方面创新人才大量涌现。所以,高校教师的师德理念应该是"培养出超越自己、值得自己崇拜的学生"。

不想超过老师的学生,不是好学生;不想学生超过自己的老师,不是好老师。否则,像"黄鼠狼下崽,一代不如一代",那么民族的兴旺发达,国家的繁荣昌盛,还有什么指望?正因为如此,高校教师只能将自己置身于科教兴国的行列,为中华民族伟大复兴的宏伟事业添砖加瓦,以培养人才、繁荣学术、发展先进文化、推进社会进步、扩大国际影响力为自己的职业内容,努力攀登科学高峰。

三是以淡泊名利为行为准则。名利对高校教师有相当的吸引力,所以我们要坚持高校师德标准,讲求诚实守信、为人师表、淡泊名利。这绝不是说,我们不要当一流专家,淡泊名利和当一流专家并不矛盾。在师范教育界,有句经典名言:"学高为师,身正为范。"一名大学教师不仅要身正有德,还要在不断提高自己学术水平的同时,远离名利。我认为名利伤志,应当淡泊自守。就像著名数学家陈省身先生说过的,做学问应不太关心名利。他希望,应当淡泊名利,不要看重当院士、得奖一类的事。他说:"一个数学家真正有建树的工作,媒体是没法讲出来的。嘉当(陈省身的导师、法国大数学家)62岁才当选法国科学院院士。另一位伟大的数学家黎曼,他的一生没有得过任何奖。数学家主要看中的应该是数学上的工作,对社会上的评价不要太关心。"

2013年诺贝尔物理学奖的两位得主,一位是81岁的比利时理论物理学家恩格勒,一位是84岁的英国理论物理学家、爱丁堡大学教授希格斯。获奖后希格斯通过爱丁堡大学发表声明说,希望他的获奖能让人们更加重视那些"看似没有什么实际价值"的基础研究。这就是把学术研究当作一种承担的大师的风范,也是高校教师师德的优秀典范。

四是以教育创新为前提。讲究师德,高校教师就要在自己的科研与教学中有创新意识。教育创新是中国教育改革进入发展新阶段的基础,目的在于应对教育内外环境的快速变化,理性、系统与全面地变革教育观念、教育制度、教育模式、教育关系及教育评价机制，更快更好地提升学生的创造性素质，造就各行各业德才兼备的创新型人才。今天在建设创新型国家的过程中，高校教师更要在创新人才工作体制机制的完善过程中，激发各类人才的创造活力和创新热情，开创人才辈出、人尽其才的新局面。所以，创新意识是凸显高校教师的学术道德和科学研究精神的关键。高校教师也只有贯彻教育创新，并在人才培养和科技创新中发挥作用，才能显现自身价值。

高校教师要积极探索学术道德的内涵，做学术道德的探索者

作者：刚才，您从四个方面阐述了高校师德的特殊性，特别是您强调"学术是高校教师的生命"，突出了学术道德在高校师德中的重要地位。联系当前少数高校出现的学术腐败案件，越发感到您的观点语重心长发人深省。请您讲讲高校教师如何做学术道德的实践者这个命题。

林崇德：崇尚学术，谨防玷污，正是当下高校教师队伍建设，特别是师德建设的关键。学术是非常崇高而神圣的事业，搞学术必须遵循学术道德规范。玷污学术，学术失德，是高校教师的耻辱。因此，做一名高校好教师，就要积极探索学术道德的内涵，努力争做学术道德的探索者。

作者：是的，学术是神圣的事业，正像习总书记讲的那样："有了为事业奋斗的志向，才能在老师这个岗位上干得有滋有味，干出好成绩。"请您详细谈谈"做学术道德的实践者"应该从哪些方面着手？

林崇德：至少应该从四个方面着手。首先，讲学术道德必须讲献身科技、服务社会的使命感和责任心。高校教师，不管是从事自然科学还是社会科学，肩负的使命是要认真落实我国的科技发展中长期规划，为建设创新型的国家做贡献。这几年在教育部表彰的师德模范或优秀教师中，有相当一批是高校德才兼备的院士、专家，他们的一个突出的特点就是把自己的一切贡献给中国科技事业，全心全意服务于社会现实。为什么我国海洋科学、核科学领域取得了"零"的突破，大大提升了我国的综合国力和国际影响力？为什么我国航空航天领域的研究成果已经逐渐能应用到人类生活的各个领域？为什么我国医学领域在解决人类严重传染病方面取得了实质性的突破？这是因为有一批又一批高校专家，他们把献身科技领域的使命感和责任心看作是高校教师应当履行的职责。

东南大学射频与光电集成电路研究所所长王志功的例子比较典型。在1997年归国前，他在德国已功成名就，连续参加多项政府项目，承担最前沿的攻关课题，发表多篇论文，申请多项专利。其妻子也取得了博士学位，一家四口其乐融融地生活在德国南部的风景名胜黑森林地区。然而，当他看到在重要的微电子领域国际会议上40年来没有一名直接来自中国大陆的报告人时，王志功心里久久不能平静。我国集成电路需求量绝大多数靠进口，国内实际能开发的集成电路品种非常有限，已建的集成电路生产线很少有自主的知识产权，这极大地威胁着我国的信息网络乃至整个国家的安全。他强烈意识到，建立我国自己的微电子研究队伍，刻不容缓！1997年9月，王志功毅然放弃国外的优越条件，举家归国，全身心投入东南大学射频与光电集成电路研究所的创建和创新人才培养的工作。10多年间，射光所组建了一支具有高度凝聚力的创新队伍，为我国微电子领域的教育、研究和发展做出了巨大贡献。王志功的故事，体现了《高等学校教师职业道德规范》中提出的"服务社会"的要求："勇担社会责任，为国家富强、民族振兴和人类进步服务。传播优秀文化，普及科学知识。热心公益，服务大众。主动参与社会实践，自觉承担社会义务，积极提供专业服务。坚决反对滥用学术资源和学术影响。"

其次，讲学术道德必须有实事求是的科学精神和严谨治学的态度。学术活动是科学研究的活动，要老老实实，来不得半点虚假。尤其在今天，社会上出现不少掺假的现象，但是，学术就不允许有假货。当前，心理健康教育在我国高校中开展得相当"火热"，于是有些学者和媒体就加以炒作，危言耸听地把心理不健康的大学生的比例定为30%、50%，甚至超过70%，以提高心理健康教育的"重要性"。我国教育界确实在开展心理健康教育，但高校心理学教师决不能把这类不真实、不客观的数据拿来抬高自己工作的价值。

作为教育部高校心理健康教育专家指导委员会的负责人，我通过深入细致的调研，在《中国教育报》上发表了《心理健康教育的路一定要走正》的文章，指出大学生心理健康的是主流，纠正了在宣传方面的错误估计。我们这个心理健康教育指导委员会，在天津师范大学举办了十期"高校心理教育骨干教师培训班"，并为高等教育出版社主编了一系列心理学健康教育教材和8本受大学生欢迎的心理健康教育学生读本。

高校心理学界教师们为什么这么做？这体现出高校教师从师德要求出发，坚持真理、探求真知、做老实人、办老实事，自觉维护学术的尊严和学者的声誉。

再次，讲学术道德，就要自觉地树立法制观念，不做任何学术道德失范的事。最近不少高校教师，包括少数学校领导因学术道德问题而断送了前程，这是惨痛的教训。在高校，要做一名好教师，严于律己显得格外重要。律己就是讲求学术道德、遵纪守法、为人师表，在言谈举止、做人做事中体现良好师风。高校教师著书立说是学术工作的需要，但首先要成为高尚师德的探索者和实践者，做到言行一致，知行合一。当前尤其要身体力行，反对学术腐败。例如，当我们与学生一起做研究，做出的学术成果署名时，千万别忘记学生的名字，甚至可以把学生的名字排在前面。又如，在我们发表研究报告、学术论文和专著时，要严格按有关规定将引用的别人的成果，清楚地加以标注。

2009年，国家自然科学基金委的监督委员会在调查核实后认定，原浙江大学教师吴某与贺某共同发表的四篇标注自然科学基金资助的文章，分别存在剽窃、编造数据以及一稿两投等严重恶性学术不端行为,造成了严重的负面影响。监督委员会撤销了该科学基金项目,并取消两人的基金申请资格5-7年。两人原单位也给予他们开除教职和解聘的处理。

尽管这个例子有些极端,然而它不断提醒我们:高校教师在学术研究中,自觉带头认真履行保护知识产权的职责,尊重他人劳动和权益,是师德的起码要求。

第四,讲学术道德,就要保证学术评价的公正和公平。这里我来举一个自己的例子。有人问我到底担任过多少次评委,我自己也回答不清,但我在这里实事求是地说,无论参加哪种类型的学术评价组织,首先我会保证公正和公平。例如,我曾是国家自然科学基金会神经科学和心理科学组的评委和召集人,我刚进组的时候,心理学每年能够获得的基金不到10项,经过几年的努力,后来每年增加到30余项。又如,我曾是国务院学位委员会心理学科评议组成员,我和我们组的其他评委一起,认为心理学是一个小学科,应该在在任期间积极使够条件的单位成为博士点和硕士点,为推动中国心理学的学科发展提供重要平台。在参与各种推荐、评审、鉴定、答辩和评奖的活动中,我都坚持了客观的原则,从不滥用学术权力,做到对任何个人或单位都照章办事,是不是自己学生一个样。可能是这个缘故,我在同行中,收获了一定的人缘、人气和人脉,从自己的内心来说,追求的是高校教师的师德。

高校教师要以身作则,严于律己,做廉洁从教的执行者

作者:您讲的学术道德问题太深刻了。最近教育部出台了《关于建立健全高校师德建设长效机制的意见》,划出了对高校教师具有警示教育意义的师德禁行行为"红七条",有违反"红七条"情形的,依法依规分别给予相应处分。这里,有一个社会尤其关注的热点问题,就是"廉洁从教"问题,请您谈谈对这个问题的看法。

林崇德："廉洁从教"既是师德的重要内涵，又是新形势对高校教师的严格要求。在高校，做一个好教师，必须廉洁从教。北京师范大学的校训为"学为人师，行为世范"。"人师""世范"的含义是"为人师表，廉洁从教"，具体地讲，它提倡以身作则、团结协作、廉洁从教、依法执教。

作者：是的，廉洁从教是"学为人师，行为世范"的本质体现。做好教师，就应该像习近平总书记指出的那样："好教师要有'捧着一颗心来，不带半根草去'的奉献精神，自觉坚守精神家园，坚守人格底线，带头弘扬社会主义道德和中华传统美德，以自己的模范行为影响和带动学生。"您觉得应该从哪些方面做起呢？

林崇德：我认为，至少应该从四个方面做起：第一，要坚持廉洁从教，就要顾全大局。党中央一再指出，着力加强反腐倡廉建设，并强调"加强团结，顾全大局"。第43届国际南丁格尔奖章获得者、中华护理学会副理事长、全国高等护理教育协会副理事长、国务院特殊津贴专家、福建医科大学护理学院院长姜小鹰教授，就是一位积极响应时代召唤，具有大局观的高校教育者。

在二十世纪八九十年代，我国各地区护理专业教育的整体水平较低，不能满足民众日益增长的健康需要。1988年，由于工作需要，姜小鹰无条件服从组织调配，从医院调入福建医科大学进行护理学专业的创建和发展工作，开始了她护理教师的职业生涯。姜小鹰认为，教育是专业发展的基石，要促进我国护理专业的进步与发展，就必须把提高护理教育层次作为起点，发展高等护理专业教育。具有强烈开拓意识的她迅速转变角色，全身心地投入高等护理教育体系创建和教学工作中。在高等护理教育刚起步的时候，面临着种种困难和障碍。刚刚起步的护理专业被取消，她多方奔走呼吁；缺乏师资，她制订了护理专业专兼职教师培养目标和计划，建立和培训了一支"双师型"教师队伍；缺少经费，她四处争取和筹集，并开展多种渠道的创收活动。

在30多年的职业生涯中，她从一名护士到立足于平凡岗位的护理教师，始终兢兢业业、勤勤恳恳地在临床护理、护理教育工作中奉献自己，并为高等护理专业教育构建完整的专科、本科、硕士研究生、博士研究生等层次结构做出了贡献。2011年8月26日，时任国家主席的胡锦涛同志亲自为姜小鹰颁发了第43届国际南丁格尔奖章，她也成为我国第一位获得此项殊荣的护理教育工作者。她还把福建省人民政府、福建医科大学奖励给她个人的奖金和学科发展专项经费共40万元，都捐赠给了福建省"小鹰"护理基金，希望以此支持鼓励福建省广大护理工作者及福建省护理专业青年志愿者活动，为增进民众健康尽一份微薄之力。

第二，要坚持廉洁从教，就要甘为人梯，扶植后人。高校的发展需要加大力度培养、选拔优秀的年轻干部和学术带头人，健全创新人才工作体制机制，而老教师更要激发年轻人的创造力和创新精神，设计有利于年轻学者出精品、出效益、迅速成长的环境，开创人才辈出、一代更比一代强的局面。北京大学数学科学学院教师姜伯驹院士，就是一个"甘为人梯"的典型代表。

姜伯驹深感中国数学要赶上世界先进水平，希望在下一代身上。基于这样的理念，多年来，他始终把扶持年轻人的工作摆在第一位，对学生的研究工作给予宽松的环境和无私的帮助。为了学科发展和学生成才，他宁愿放缓自己出研究成果的步子，毅然把主要精力转向非常重要，但是自己并不熟悉的新兴学科——低维流形研究，引导学生向新兴方向探索，并取得了良好的成绩。他还一直强调要不拘一格地培养人才，以更科学、更灵活的管理方式代替当前高校的量化考评与简单化管理，为青年教师成长提供良好环境。

自20世纪70年代以来，他培养了数十名硕士生和博士生，倾注了大量心血，为国家培养了许多优秀的数学家，造就了国内拓扑学领域生气勃勃、后继有人的局面。他的学生王诗宬于2005年当选为中国科学院院士；段海豹、周青等也陆续从国际顶级实验室学成回国，在教学和科研领域卓有成就。看到学生成为院士、获得大奖，姜教授打心眼里高兴。他说："教育、教师要为学生服务，这种服务不仅是当下，还要为学生未来成才服务，唯有学生的发展才是硬道理。"这是对"甘为人梯"的最好诠释。

第三，要坚持廉洁从教，就要牢固树立正确的价值观。高校老师要自觉遵纪守法，努力抵制各种错误思潮，正确处理个人与社会的关系，反对拜金主义、享乐主义。有什么样的老师就有什么样的学生，严格要求学生首先要严格要求自己。

北京语言大学人文学院的梁晓声教授，是知名专家，同时担任民盟中央常委、全国政协委员。他就是一位特别具有社会道义感和历史使命感的高校教师。他深感对于学子们进行道德情感教育的重要性和迫切性，直接倡导并参与了在全国高校中属于首创的"情感教育"课的建设。针对当前教育中人文素质培养严重不足的问题，以及中文教育受重视程度不断滑坡的现象，他不断发出呼吁，主张培养青年的人文素养和情怀。虽然不刻意在学生中培养作家，但要使广大学生成为善于用人文思想看待世界的人。这一言一行当中传递给学生、同事、社会的，都是高尚操守和正确的价值观。

作为老师，要积极为学生树立榜样，在学术研究中勇攀高峰。即使取得了成绩，也不居功自傲，应把成绩归功于自己的学术团队。北京师范大学发展心理学团队正是在这种精神的感召下，前赴后继，薪火相传，经过几代学者二三十余年的努力，我们的团队从无到有，从小到大，逐渐成为国内一流、具有国际影响力、拥有一个团结奋进教师群体的研究机构。老一辈人所传承下来的价值观念深刻地影响着新一辈。在我们团队中间，先后三代人都是国务院学位委员会学科评议组成员，无论是谁，在申报博士点、硕士点的问题上，都能够严格遵守有关规定，秉公办事，廉洁自律。只有上梁正，下梁才能不歪。也正是基于这样的传统，我们的教师才能多带出一些务实清廉的学生。

最后，高校教师不仅要坚守学术道德，廉洁从教，而且必须要有仁爱之心，做爱的培育者、激发者和传播者。

作者：习总书记指出："好教师的眼神应该是慈爱、友善、温暖的，透着智慧、透着真情。"您一直把关爱看成师德的核心，在长期教育教学实践中探索并形成的"严在当严处，爱在细微中"的育人观被教育界和学术界广为称颂，这既反映了您的师德，又反映了您的师爱。请您谈谈您一贯倡导的严慈相济的"师爱观"。

林崇德：在教书育人的实践中，我提倡实施"爱的教育"，即爱祖国、爱党、爱教育、爱学生。爱的教育集中体现在"师爱"上，师爱是教师对学生的爱，它是师德的核心。但师爱不同于父爱、母爱、情爱。师爱出自教师的职责。在性质上，它是一种只讲付出不计回报的、无私的、广泛的且没有血缘关系的爱；在原则上，它是一种严慈相济的、一视同仁的爱。这种爱是教师教育学生的感情基础，学生一旦体会到这种感情，就会"亲其师"，从而"信其道"。因此，师爱就是"师魂之魂"。北京大学中文系的孟二冬教授，就是这样一位"亲其师，信其道"的优秀教师。

这里讲几件孟教授的学生谈到的小事：孟教授常请学生去家里，亲自下厨跟学生们一起做饭做菜，边做边聊，在融洽的气氛中答疑解惑。当学生刚搬进新建的学生宿舍时，孟二冬担心有甲醛的污染，自己花钱给每个宿舍送了一盆郁郁葱葱的绿萝。孟教授看过的学生论文，几乎每一页都夹有小纸条，纸条上除了对论文的框架和立意提出建议外，还有对错字的勘误，常常比学生自己还要认真。倒在援疆讲台上之后，他躺在病榻上，却一心琢磨着要把时间争分夺秒地利用起来。他向系里提出借用一间校内单身宿舍，以便与学生们随时交流。正如北大中文系系主任温儒敏所说：

"孟二冬对学生的关爱是非常自然的,是一种人格的流露,并非简单的职业要求。"这些爱的点滴换来了学生的信任和追随,也实实在在地为当代教育工作者树立了典范。

胡锦涛同志在孟教授病逝后给其女儿的回信中写道:"我是含着热泪读完你这封来信的。你对爸爸无尽的思念,你记述他在最后的日子里仍惦记着他的学生、眷恋着他未竟的事业,所有这些,都使我深受感动。你爸爸是一位平凡的学者,但他以勤勉踏实的治学精神攀登学术高峰,做出了不平凡的业绩。你爸爸是一个普通的教师,但他为人师表的高尚品德却深深打动了每一个人,给人以心灵的震撼。你爸爸不愧是教书育人的杰出楷模,不愧是当代中国知识分子的优秀代表。"

作者:您的"师爱就是'师魂之魂'"的观点非常有见地。习总书记将"师爱"称作"人间大爱",足以说明了"师爱"的伟大与重要。请您结合当前高校优秀教师典型谈谈如何做一名爱的培育者、激发者和传播者。

林崇德:首先,提倡师爱,要强调高校教师师爱的特殊性。同样是师爱,对成年期的学生所涉及的内容和表达方式与基础教育阶段未成年的学生有很大的差异。本科生和研究生的经历和生活,在人的一生中具有重要意义。因此,高校教师要处处关心自己学生走向人生成熟的问题,真正意义上"自主学习"的问题,如何热爱专业、迈向社会的问题,怎么去准备建功立业的问题。

不管是本科生还是研究生,他们在思想上、学习中和生活里有不少困难和困惑,要引起我们的关注。对学生们的各种问题,我们应该从他们的年龄特征出发加以考虑,而且,我们不仅应在他们求学期间给予关心,即使毕业后仍然可以"跟踪服务",全面关心学生的成长。

湖南大学文学院教授、博士生导师胡遂,被学生尊称为"美女博导"

"妈妈老师""湖大一姐""心灵导师""育人大师"。除了无与伦比的课堂魅力外，胡遂最特别的，就是对学生细致而全面的关怀。十几年前，一个女生半夜来电，说是站在岳麓山脚下的一座高楼顶马上要跳下去。胡遂骑上单车飞奔过去，细细相劝，及时打消她轻生的念头，如今这位女生已结婚生子，生活很是美满幸福。另一位大三女生，因失恋而痛不欲生，胡遂陪她月下散步，上下五千年，眼前海内外，一个多小时女生还没什么触动。最后，胡遂睿智地以"爱上小河是因为没有见过大海"这样一句话，让学生心结顿解，而这句话也在微博上广为流传。

胡遂广开第二课堂，教学生如何为人处世，如何面对挫折，如何像青松一样，有一颗紧紧扎根在山冈的强大的内心。感念于要咨询的学生太多，2008年初，不太会打字的她在新浪开博，谈自己的人生感悟，回复学生的提问和困惑，甚至包括学生父亲的抑郁症问题。迄今已发博文100多篇，点击量达13万之多。胡遂说，青春本就有一段躁动的时期，人人都不例外，加上现在社会价值多元，就业困难，青年学生心理问题比较多。做教师的，关键是要给学生以信心、鼓励。就像她的学生所说："她像太阳一样，总是把温暖传递给我们。"

其次，提倡师爱，必须强调严慈相济，教书育人。教育学生要成才，得先做人。因为师爱是一种神圣的爱，是一种促使学生成才成人的事情。所以我们应坚持教书育人的做法——"严在当严处，爱在细微中"。因为爱，必须严，严是为了爱。所谓"严"，首要是"做人"。一流人才的基础是砥砺一流品性，发扬理想信念，传承艰苦奋斗、厚德载物的传统美德。

我们应重视学生的道德品质和思想政治教育，既教书又育人，全面关心学生进步，积极介绍优秀的学生入党；在遵守学术道德和尊重科学精神方面，我们应要求学生不能随意更改任何数据，更不能抄袭别人的成果。应要求学生从具体小事做起，把做人与学业发展结合起来。

中南大学的金展鹏教授是中国科学院院士、国际材料科学大师。从教至今 50 余年,其中后 13 年里,他一直因未能确诊的疾病而全瘫在床。然而他克服重疾,辛勤培养 50 多名博士和硕士,其中多人成为国际相图界的著名学者。金展鹏从事的基础理论研究,既没有可观的科研经费,又极难出成果。但是,这么多年来,一届又一届的优秀学生投奔他、追随他,为什么?用学生们的原话就是,因为"不仅掌握了知识,更重要的是学会了科学的态度和怎样做人"。在给硕士生的热力学考试中,金老师只出了一个题目,却让学生考了 7 个小时,把所有的知识点都过了一遍,让他们充分重视基本功。为了测氧化物的相图,他整整两个月白天晚上都陪着学生,让学生切身体会到科研工作来不得半点浮躁。金老师还因学生"间接引用"一篇论文而直言批评,并在经费短缺的情况下令其赶赴沈阳、北京等地查找原始文献,核对数据。他的学生——在美国通用电气干了 12 年,现任美国俄亥俄州立大学终身教授的赵继成说,自己就是受到金老师的感染,才放弃公司优越的工作决定回学校教书育人。他要报答老师对他的培养,要把老师的精神传下去。就在这一件件具体小事中,金展鹏用自己严格的爱,培养出一批先成"人"再成"才"的国家栋梁。

另一个爱在严处的例子,来源于西安交通大学能源与动力工程学院教授、博士生导师刘志刚。他在遵守学术道德、严防学术造假上,对学生有近于苛刻的标准。他坚持要求每个学生获得的数据,必须经过不同时间的三遍实验测量,否则数据就不能发表。这样的严格把关,让学生的学术基础打得扎实,学术道路才能走得更远、更稳。

在教育学生学会做人的同时,也要教育他们立志成才,因为大学要培养杰出的人才。在强调提高高校教育质量的今天,高校教师必须在学生业务上下功夫。

曾任多地战术教官、军事学院教师,1994 年进入重庆警察学院从事教学工作的刘开吉,40 年来始终坚持在教学一线培养学生成才。警察是一个特殊的行业,他们是和平时期为公众利益牺牲最多的一个群体。刘开吉深知其高风险性,因此更奉行"平时多流汗,战时少流血"的信条,坚决严把教学训练关,把对学生的真诚和爱心统统融入严格训练和严格要求。"导之以诚,尽力而为,学生工作后每天能高高兴兴上班,平平安安回家,这一切全赖于警察教师所付出的努力和授予的技能与战术!"刘开吉遵循警察战术教学训练"综合分层、专业化、系统化、规范化、良性循环化"的特殊规律,采取"法律、战术、技术、心理、体能"五位一体的教学训练方法,按照优胜劣汰、适者生存的自然法则,采取情景模拟及案例教学等方法手段,让学生自己发现自身存在的问题,从而更好地解决问题,提升能力。在教学方法与手段上,刘开吉因材施教,采取"集中指导式""研讨式""答疑式""情景模拟式"等教学方法,引导学生提出和发现问题,促进学生思考和形成问题意识。他还从实战需要出发,从难、从严训练学生,做到战训一致、教养一致。根据实战需要确定训练内容,尽可能逼真地设置近似实战的训练环境,多组织各种类型的对抗训练。刘开吉以严格的教学训练,培养出一批又一批业务扎实、本领过硬的人民警察,为确保人民安居乐业、社会安定有序、国家长治久安做出了巨大贡献。

再次,提倡师爱,在这个感情投入与"回报"的过程中,教育实现了其根本的功能。如果问我"什么是最大的幸福",我回答:"我拥有世界上最宝贵的财富——学生。"截至2014年暑假,我已培养了82个博士,其中已有50人提为教授。他们有三个特点,一是业务上过硬,有的成为特聘教授、优秀学术带头人、国外名牌大学教授,有的成为长江学者或地方上的知名学者。从2004年后,每次入选国家"百千万人才工程"的专家中,都有我的博士生。我的学生,北京师范大学校长董奇教授,创建了我国第一个心理学国家重点实验室。二是具有综合素质,大多数学生既能做专家学者,又具有较强的行政管理能力,其中有两位已经成为全国人大代表,四分之一的学生已走上校级或厅局级领导岗位。三是做出了突出业绩,他们不仅具有优秀的学术才能,有的还具有创造财富的能力,成为拥有相当资产的企业家。

记得1997年,我校举行我的日本弟子山本登志哉的博士论文答辩会,我再三坚持邀请日本驻华使馆一位领导赴会，最终来了总领事松本先生。我的用意很简单，和日本大学培养中国学者一样，北京师范大学也培养了日本的博士生。山本回日本后非常努力，2007年，在36名竞争对手中脱颖而出，成为名校早稻田大学心理学教授和学术带头人。受聘后他给我写了一封信，信中写道："如果您没有给我北京师范大学的博士学位，对我的研究没有给予各种各样的指导和帮助的话，我个人绝对不能得到目前的地位。"年纪大了一般不爱感动，但读了山本的信，联想到学生们的成长与成才，我心潮澎湃，深深体会到我是世界上最幸福的人。

作者札记

严在当严处　爱在细微中

我在专访林崇德教授之前,就特别敬佩他。他是"全国劳动模范""全国十佳师德标兵",受邀在全国各地做过若干场报告,他的事迹影响和感动了无数人。在新一代年轻教师心目中,林教授就是一个"新时代好教师的标杆"。

当我走近林教授,我的认识又有了新的飞跃。这不仅仅表现在他的师德上,而且他的学识、他的科研、他的视野以及他的境界都是超乎寻常的,更让我敬佩,简直达到了崇敬的程度。

他有一句金句"严在当严处,爱在细微中",能从一个侧面反映他倡导的德艺双馨的内涵。他的要求相当"严"。比如高校师德,他经过研究,提出了更高的要求:"教师既应该具有高尚的道德情操,又应该具有扎实的学术功底。"在他看来,高校教师的教育对象多是18岁以上的成年人,而且教学工作还多涉及学术领域的问题,学术功底扎实,才能成为合格的大学教师,才能承担起党和国家赋予的历史使命。

谈到高校教师这种"特殊性"或者说"更高要求",他分析得让人心悦诚服。林教授认为,高校师德的特殊性至少应该体现在四个方面:

一是以崇尚学术为基础。高校教师的职业是钻研学术和教授学术，从事学术活动。因此，学术是高校教师的生命，崇尚学术、艰苦奋斗、一专多能并积极追求高学术水平是高校教师师德修养的重要表现。

二是以培养杰出人才为标志。能否培养出对国家有用的人才，这是衡量教师师德的根本标准。而高校教师必须要以为国家培养栋梁，造就杰出人才为己任。高校教师的师德理念应该是"培养出超越自己，值得自己崇拜"的学生。

三是以淡泊名利为行为准则。名利对高校教师有相当的吸引力，所以我们要坚持高校师德标准，讲求诚实守信、为人师表、淡泊名利。林教授认为名利伤志，应当淡泊自守。这就是把学术研究当作一种承担的大师的风范，也是高校教师师德的优秀典范。

四是以教育创新为前提。讲究师德，高校教师就要在自己的科研与教学中有创新意识。今天在建设创新型国家的过程中，高校教师更要在创新人才工作体制机制的完善过程中，激发各类人才的创造活力和创新热情，开创人才辈出、人尽其才的新局面。

据介绍，截至2014年暑假，林教授已培养了82个博士，其中已有50人提为教授。这简简单单的几个数据，佐证了"严师出高徒"的信条。

林教授爱学生是出了名的。他常常告诉自己的学生："论年龄，我是你们的父辈，我在内心也把你们当作我的孩子。"

做中学老师13年间，林教授以师爱赢得了学生的敬服；做大学教授27年里，他对自己那些已经是大男大女的硕士生、博士生的爱护依旧，学生们对他的尊敬和眷念也依旧。所以，自己的中学学生、大学学生以及硕士博士生聚集一处来看望自己的时候，是林教授最惬意的时候。

林教授对学生的爱来得细致入微：大到帮助规划学生的长远学科科研建设，小到把自己的自行车借给外地学生使用而自己情愿安步当车。为困难学生申请各项补助被他当作分内之事，甚至学生的孩子们吃午饭也让他操心不已……

无私的师爱换回的是学生对他的眷恋和敬爱。从 1986 年开始，林崇德先后选送 16 个研究生出国联合培养或做访问学者，其中 15 名学生学成归来，报效祖国。对如此之高的回国率，有关部门非常惊奇。而林门弟子的回答却很简单——"我们是冲着老师回来的"，林崇德的回答也很简单——"因为'师爱牵游子'"。

林教授不仅师德高尚，教育教学成绩突出，而且教育科研成果斐然。就说近些年吧，他领先研究的"中国学生核心素养"的研究成果已经影响到整个教育领域。

就是这样一位教育大家，为人低调，待人谦和，每次跟他通电话，他总是耐心倾听，不急不躁。记得，我将采访初稿通过电子信箱发给他后，没有多久，他便主动回我电话，针对一些细节跟我进行沟通。

那天，我正好在上班的路上，从我宿舍环山路中联花园到纬一路省委大院足足走了两小时，林教授就跟我讲了两个小时。他不厌其烦，精益求精，好多需要修改的地方，他是具有真知灼见的，但他却以商量的口吻来跟我"商议"，让人如沐春风，感受到教育大家做人做事的风范。

事后我想，何为"教育"？"教育"，实际上就是"以自己的行为影响他人，让他人得到力量"。何为"师德"？"师德"，说到底就是"以身作则，为人师表"。跟林教授接触，你会真正理解如何做好教师："自身"才是根本；一切"说教"，都是生硬和苍白的。

后 记

进入新世纪后,特别是近年来,我们经常说的一句话是:"我们已经站在一个新的历史起点上。"换句话说就是:"我们已经进入一个新时代。"

新时代,最本质的变化,就是我国社会主要矛盾的变化,由人民日益增长的物质文化需要同落后的社会生产之间的矛盾,转化为"人民日益增长的美好生活需要和不平衡不充分的发展之间的矛盾"。从"物质文化需要"到"美好生活需要",从"落后的社会生产"到"不平衡不充分的发展"。

新时代,最大的特点就是"以人的发展为导向",探索并实现着艰难的转型:由 GDP 增长至上的"物本"主义转向注重人自身发展的"人本"主义;由"生存型"转向"发展型"。

新时代,最突出的表现有三:一是"对人的发现"。过去重视社会价值,现在开始重视个体价值,强调"以人为本"。二是"软实力的显现"。过去讲"发展经济就是硬道理",现在发展文化事业上升到"战略决策"。三是"新矛盾的凸显"。因为社会正在转型,所以新问题、新矛盾从来没有像现在这样多,这样复杂。

在新时代,与经济社会关系最为密切的高等教育正处于大变革、大发展和大提高之中,面临着前所未有的机遇和挑战,产生了一系列热点问题。譬如，教育公平问题、人才培养质量问题、办学转型问题、民办教育问题、学术腐败问题、师德建设问题、学校治理问题等等，这些过去不甚突出或者从未出现的问题已经成为社会关注的热点。

怎样看待这些热点，解读这些热点，对症下药，真正起到疏通引导、探讨出路的作用，这是新时代向教育工作者和研究者提出的新任务、新要求。

当我接手《山东高等教育》"高端访谈"栏目主持任务后，便跟主编齐秀生、副主编李广来和孙景浩等同志共同商定了"聚焦'教育热点'访谈'教育名家'"的计划：筛选全社会高度关注的十大教育热点，从全国选择十大教育名家来解答。

记得，我曾利用刊物和借全国会议发放"调查问卷"，广泛征求各界意见。最后按照读者和专家的意见和建议，认真梳理并排出了"教育热点"和采访相应"教育名家"的先后顺序。

从此，拉开了"北上南下""多途径联络，多手段采访"的序幕。

让我难忘的是，好多关心和支持此项工作的领导和专家伸出了热情之手。山东省教育厅副厅长张志勇在"两会"期间，约请到中国教育学会原会长、"当代教育名家"顾明远；中共山东省委党史研究室巡视员，临沂大学原校长韩延明利用师生关系，约请到高等教育"元老"，"当代教育名家"潘懋元；还有《中国高等教育》主编唐景莉，趁一次全国高教论坛的机会，约请到了教育部原副部长周远清，他们的帮助为我们邀请专家解答相应教育热点难题提供了便利。

让我感动的是，十位当代教育名家不仅仅具有深厚的学术造诣，更重要的是具有非凡的人格魅力。他们那样平易近人，和蔼可亲，做事认真细致，让人心悦诚服。周远清部长修改访谈初稿精益求精，有些地方几次反复修改，至今我还保留着那份手写的"真迹"。朱小蔓所长不仅精心改稿，而且还亲自给我写了一封信，那真诚的态度，亲切的话语，以及闪烁着灵光的教育思想让我如沐春风。

后 记

过去，常看到和听到一句俗语："听君一席话，胜读十年书。"那时我基本没有感受，觉得是个谦辞。经过一年多时间来跟十位名家面对面的交流，我对此话有了新的感受，岂止"胜读十年"，简直就是"受益终生"。

前不久，习近平总书记在北京大学视察时提出"办好中国的世界一流大学，必须有中国特色"的要求，联想到与十位"当代教育名家"谈话的情景，作为一位高等教育工作者和研究者，我还是满怀信心。因为这十位名家的潜心研究就是立足中国大地探索和研究中国高等教育结出的丰硕成果。

理论要接受实践的检验，思想要经过沉淀才显示价值。当代教育名家的思想，历经四年时间和实践的考验，更加弥足珍贵。好多专家、领导和读者恳切提出："把第一手面对面的对话内容整理出来，印刷出版，对新时代教育改革发展大有好处。"几家出版社也多次催要书稿。于是，今年春节期间我就着手整理，在山东师范大学附属小学工作的夫人边淑文、新华社工作的女儿张漫子的帮助下，经过半年的加班熬夜，现在这本渗透着感情和心血的访谈书稿终于付梓了！

还需要补充的是书名的确定。它是济南出版社元锋君的思想，这位山东大学历史学院的高才生，颇有独立见解，他说'我们读书就是和人物对话，这本访谈和一般的简单访谈不一样，它有你的好多思想，特别是你设计的问题、交流的形式，还有大段大段的思想碰撞，不是传统访谈能解决的，建议最好就叫"对话：探析十年教育痛点"。我接受了他的建议，但是，我在题目的下方专门增加了一句醒目的话"十大社会关注难题，十位大家权威解答"，以示我对十位教育大家的崇高敬意！

最后，感谢山东省委党史研究室巡视员、临沂大学原校长韩延明拨冗为本书撰写序言。感谢热情关心和支持本书出版的各位领导、专家和同仁！

2018 年 5 月 1 日